Dillberger/Fest

Klausurenkurs Einkommensteuer
und Abgabenordnung

Klausurenkurs Einkommensteuer und Abgabenordnung

von

Emanuel Dillberger, LL. M. (LaTrobe)
Regierungsdirektor
Finanzamt München

Dr. Timo Fest, LL. M. (Pennsylvania)
Privatdozent
Ludwig-Maximilians-Universität München

2. Auflage 2017

C.H.BECK

www.beck.de

ISBN 978 3 406 68086 1

Wilhelmstraße 9, 80801 München
Druck: Druckhaus Nomos
In den Lissen 12, 76547 Sinzheim

Satz: DTP-Vorlagen der Autoren

Gedruckt auf säurefreiem, alterungsbeständigem Papier
(hergestellt aus chlorfrei gebleichtem Zellstoff)

Vorwort

Der Klausurenkurs versteht sich als Ergänzung zu dem ebenfalls in der Reihe JuraKompakt erschienenen Werk *Dillberger/Fest*, Einkommensteuer und Abgabenordnung (3. Aufl. 2016). Er soll Studenten im Schwerpunktbereich und Rechtsreferendaren den Einstieg in die dem Steuerrecht eigene Klausurtechnik erleichtern. Zugleich bietet er die Möglichkeit, das erlernte Wissen zu wiederholen und zu vertiefen.

Die sechs Übungsfälle sind jeweils auf eine Bearbeitungszeit von fünf Zeitstunden ausgelegt. Der Umfang der Lösungen orientiert sich an dem, was von Studenten und Referendaren typischerweise verlangt werden kann. Zur besseren Lesbarkeit wurde auf Rechtsprechungs- und Schrifttumsnachweise verzichtet. Anstelle derer finden sich am Ende jedes Übungsfalls Vertiefungshinweise.

Obwohl der Schwerpunkt der Klausuren auf dem Einkommensteuerrecht und der Abgabenordnung liegt, werden auch die Berührungspunkte mit dem Umsatz- und Körperschaftsteuerrecht behandelt. Dabei wurde besonderes Gewicht auf die Darstellung der systematischen Zusammenhänge und der juristischen Subsumtionstechnik gelegt.

Unsere Unterrichtserfahrungen zeigen, dass Studenten und Referendare den größten Lerngewinn erreichen, wenn sie zunächst ohne Blick auf die Lösungshinweise unter selbst erzeugtem Zeitdruck eine eigene detaillierte Gliederung des Falls erstellen. Dies erfordert ein gehöriges Maß an Selbstdisziplin.

Das Werk befindet sich auf dem Rechtsstand April 2017.

Wir wünschen allen Leserinnen und Lesern viel Vergnügen und Erfolg bei der Arbeit mit diesem Buch. Anregungen und Verbesserungsvorschläge sind jederzeit willkommen.

München, April 2017

Emanuel Dillberger
Timo Fest

Inhaltsverzeichnis

Abkürzungsverzeichnis

a. E.	am Ende
a. F.	alte Fassung
AfA	Absetzung für Abnutzung
AG	Aktiengesellschaft
Alt.	Alternative
AO	Abgabenordnung
Art.	Artikel
Aufl.	Auflage
BewG	Bewertungsgesetz
BFH	Bundesfinanzhof
BGB	Bürgerliches Gesetzbuch
BRAO	Bundesrechtsanwaltsordnung
BVerfG	Bundesverfassungsgericht
BVerwG	Bundesverwaltungsgericht
bzw.	beziehungsweise
ca.	circa
d. h.	das heißt
Di.	Dienstag
Do.	Donnerstag
Doppelbuchst.	Doppelbuchstabe
EEG	Gesetz für den Vorrang erneuerbarer Energien
EGAO	Einführungsgesetz zur Abgabenordnung
EStDV	Einkommensteuer-Durchführungsverordnung
EStG	Einkommensteuergesetz
etc.	et cetera
FA	Finanzamt(s)
f./ff.	folgend(e)
Fr.	Freitag
FVG	Finanzverwaltungsgesetz
GewO	Gewerbeordnung
GewStG	Gewerbesteuergesetz
GG	Grundgesetz
GmbH	Gesellschaft mit beschränkter Haftung
GmbHG	Gesetz betreffend die Gesellschaften mit beschränkter Haftung
HGB	Handelsgesetzbuch
Hs.	Halbsatz

i.H.v. .... in Höhe von

i.S.d. .... im Sinne des/der
i.S.v. .... im Sinne von
i.V.m. .... in Verbindung mit

KG .... Kommanditgesellschaft(en)
km .... Kilometer
KStG .... Körperschaftsteuergesetz

lit. .... littera, Buchstabe
LStDV .... Lohnsteuer-Durchführungsverordnung

Mo. .... Montag

n. F. .... neue Fassung
Nr./Nrn. .... Nummer(n)

p. a. .... per anno

Rn. .... Randnummer

S. .... Satz/Sätze
SGB .... Sozialgesetzbuch
s. o. .... siehe oben
sog. .... sogenannt/e
s. u. .... siehe unten

TVG .... Tarifvertragsgesetz

u. a. .... unter anderem
UStG .... Umsatzgesetz

VA .... Verwaltungsakt(s/e/en)
Var. .... Variante
vgl. .... vergleiche
VwZG .... Verwaltungszustellungsgesetz
VZ .... Veranlagungszeitraum/Veranlagungszeiträume

z. B. .... zum Beispiel
zzgl. .... zuzüglich

Fall 1. Alles fließt

Sachverhalt

Teil 1:

Jürgen und Ramona hatten sich nach nur wenigen Ehejahren auseinandergelebt. Im Juni 2016 verließ Jürgen daher die gemeinsame Ehewohnung in Feldafing und zog sogleich mit seiner neuen Freundin Chantalle nach München/Schwabing. Am 17.11.2017 wurde die Ehe mit Ramona rechtskräftig geschieden. Dabei erklärte sich Jürgen bereit, an Ramona für drei Jahre rückwirkend ab Januar 2017 einen monatlichen Unterhalt i.H.v. 800 Euro zu leisten. Dies wurde im Rahmen des Scheidungsverfahrens gerichtlich protokolliert.

Auch beruflich veränderte sich Jürgen. Zum 31.12.2016 schied er aus seiner Stellung als angestellter Rechtsanwalt der Sozietät „Reich & Schön" aus und gründete zum 1.1.2017 eine eigene Kanzlei. Seitdem ist er als selbständiger Rechtsanwalt tätig. Als Spezialist für Familienrecht übernahm er auch Betreuungen nach Maßgabe der §§ 1896 ff. BGB. Diese Tätigkeit umfasste sowohl rechtliche als auch vermögensverwaltende Aufgaben sowie Fragen der Aufenthaltsbestimmung und der Regelung über den Umgang mit anderen Personen.

Den Gewinn ermittelt Jürgen dabei durch eine Gegenüberstellung der Einnahmen und Ausgaben. Im Jahr 2017 zeichnete er auf diese Weise Einnahmen in einer Gesamthöhe von 79.700 Euro und Ausgaben i.H.v. 25.800 Euro auf.

In den Einnahmen war u. a. ein an ihn ausgezahltes Darlehen enthalten. Das Darlehen hatte Jürgen bei der B-Bank aufgenommen, um seine neuen Kanzleiräume einzurichten. Die Darlehensvaluta (15.000 Euro) ist mit 6 % p. a. zu verzinsen und nach einem Jahr zurückzuzahlen. Auch die Zinsen sind nachschüssig fällig. Von der Darlehensvaluta behielt die Bank absprachegemäß einen zusätzlichen Betrag i.H.v. 2 % des Nominalwerts ein. Am 15.2.2017 zahlte die B-Bank daher nur 14.700 Euro an Jürgen aus.

In den erklärten Betriebsausgaben waren u. a. 400 Euro für eine neue Anwaltsrobe und 400 Euro für einen schwarzen Anzug enthalten. Da Jürgen den Anzug ausschließlich in der Kanzlei aufbewahrt und auch nur für Mandantentermine trägt, nahm er den Aufwand in die Gewinnermittlung der Kanzlei auf.

Darüber hinaus schaffte sich Jürgen im Oktober 2017 einen Hochleistungsdrucker an. Diesen benötigt er für den Druck seiner umfassenden Vermerke und Schriftsätze. Dabei leistete er eine Anzahlung i.H.v. 357 Euro (20 % des Brutto-Kaufpreises). Geliefert wurde das Gerät erst am 12.3.2018. Erst dann überwies Jürgen den fälligen Restbetrag. Auch die Anzahlung war in der Gewinnermittlung 2017 enthalten.

Unter dem Begriff „nützliche Aufwendungen“ zeichnete Jürgen weiterhin einen Betrag von 10.000 Euro als Betriebsausgabe auf. Diese Zahlung hatte er im Frühjahr 2017 dem städtischen Angestellten Arm zugewendet, der im Namen der Stadt regelmäßig Mandate im Bereich des Sozialrechts an Jürgen vergab. Gerade als Existenzgründer war Jürgen auf die regelmäßigen Aufträge angewiesen.

Teil 2:

Ende August 2018 wurde Jürgen veranlagt. Dabei empörte sich der junge Sachbearbeiter Schlau am FA München über die als Aufwand verbuchten Zahlung an Arm. Er strich den Ansatz aus der Gewinnermittlung und teilte den Sachverhalt umgehend der zuständigen Staatsanwaltschaft mit. Der Steuerbescheid 2017 ging Jürgen am 10.9.2018 zu.

Damit war Sachbearbeiter Schlau aber nicht zufrieden. Seiner Ansicht nach müsse steuerlich auch gegen Arm vorgegangen werden. Dieser war bereits mit Steuerbescheid vom 26.6.2018 (am selben Tag zur Post gegeben) durch das FA Augsburg veranlagt worden. Den Zufluss der 10.000 Euro hatte Arm in seiner Steuererklärung bewusst nicht deklariert.

Bearbeitervermerk:

Teil 1: In einem Gutachten, das auf alle aufgeworfenen Rechtsfragen eingeht, ist Jürgens Einkommen im VZ 2017 zu ermitteln. Steuerliche Wahlrechte werden möglichst günstig ausgeübt.

Teil 2: War die Mitteilung an die Staatsanwaltschaft rechtmäßig? Darf das FA Augsburg auf Grundlage der Mitteilung des Schlau die Zahlung an Arm berücksichtigen? Was wäre heute (20.12.2018) gegenüber Arm außerdem veranlasst?

Gliederung

Lösung

Teil 1:

A. Subjektive Steuerpflicht

1 Jürgen hat während des gesamten VZ 2017 (1.1. bis 31.12.2017, § 25 I EStG) seinen Wohnsitz i.S.d. § 8 AO im Inland. Damit unterliegt er der **unbeschränkten Steuerpflicht** (§ 1 I EStG).

B. Veranlagungsform

2 Eine Zusammenveranlagung von Jürgen und Ramona gemäß §§ 26, 26b EStG kommt nicht in Betracht. Zwar wurde die Ehe durch Urteil vom 17.11.2017 rechtskräftig geschieden. Allerdings lebten die Ehegatten im VZ 2017 dauernd getrennt, da Jürgen bereits im Juni 2016 aus der gemeinsamen Ehewohnung in Feldafing ausgezogen war (§ 26 I 1 EStG). Jürgen und Ramona werden daher **einzeln veranlagt** (§ 25 I EStG).

C. Einkommen von Jürgen

3 Das Einkommen ist nach § 2 IV EStG der Gesamtbetrag der Einkünfte, vermindert um die Sonderausgaben und außergewöhnlichen Belastungen. Dabei ist zunächst die Summe der Einkünfte (§ 2 III EStG) zu ermitteln.

I. Summe der Einkünfte

1. Einkünftequalifikation

4 Als Rechtsanwalt übt Jürgen einen **Katalogberuf** i.S.d. § 18 I Nr. 1 EStG aus. Mit dieser Tätigkeit erzielt er Einkünfte aus selbständiger Arbeit. Fraglich ist jedoch, wie die Einkünfte aus seiner Tätigkeit als Betreuer steuerlich zu qualifizieren sind. Insofern könnte es sich um subsidiäre Einkünfte (§ 15 II 1 a. E. EStG) aus einer gewerblichen Tätigkeit nach § 15 EStG handeln.

a) Katalogberuf Rechtsanwalt

Fraglich ist, ob die Übernahme der Betreuung von dem Katalogberuf als Rechtsanwalt umfasst ist. Hierfür wird angeführt, dass die Betreuung mit der rechtlichen Beratung und Vertretung (§ 1902 BGB) auch solche Tätigkeiten umfasst, die nach § 3 I BRAO Rechtsanwälten zugewiesen sind. Zu berücksichtigen ist allerdings, dass die Betreuung, je nach Aufgabenkreis, nicht auf diese Tätigkeiten beschränkt ist, sondern auch nicht juristische Tätigkeiten (z. B. ärztliche Heilbehandlungen, § 1904 BGB) umfassen kann. Die Betreuung ist daher keine Tätigkeit, die dem klassischen Berufsbild eines Rechtsanwalts als Katalogberuf nach § 18 I Nr. 1 S. 2 Var. 2 EStG unterfällt. **5**

b) Ähnlicher Beruf

Fraglich ist jedoch, ob die Betreuung ein dem Katalogberuf des Rechtsanwalts „ähnlicher Beruf" i.S.d. § 18 I Nr. 1 S. 2 Var. 3 EStG ist. Obgleich das Wort „ähnlich" im allgemeinen Sprachgebrauch eine weite Bedeutung hat, ist bei dem Vergleich mit den Katalogberufen eine enge Auslegung geboten. Erforderlich ist, dass die ausgeübte Tätigkeit in ihrer Gesamtheit dem Bild eines Katalogberufs mit allen seinen Merkmalen vergleichbar ist. Die bloße Ähnlichkeit mit einer Gruppe der Katalogberufe (sog. Gruppenähnlichkeit) genügt nicht. Das Berufsbild wird in erster Linie durch den **Ausbildungsgang** und den **Tätigkeitsbereich** bestimmt. Demnach muss die ausgeübte Tätigkeit dem Berufsbild des Katalogberufs nicht nur im Tätigkeitsbereich, sondern auch bezüglich einzelner außerhalb der Haupttätigkeit liegender besonderer Merkmale, die für die Ausübung des Katalogberufs charakteristisch sind, ähnlich sein. Setzt der Vergleichsberuf eine qualifizierte Ausbildung voraus, muss bei dem ähnlichen Beruf auch die Ausbildung vergleichbar sein. Dies erfordert nicht, dass Fachkenntnisse in gleicher Weise (z. B. durch ein Hochschulstudium) erworben worden sind. Entscheidend ist, dass die Kenntnisse in etwa die gleiche fachliche Breite aufweisen, die auch der Katalogberuf erfordert, so dass die Tätigkeit auf einer vergleichbaren Ausbildungsgrundlage ausgeübt wird. Neben dem Ausbildungsgang und dem Tätigkeitsbereich wird die Berufstätigkeit aber auch durch die gesetzlich vorgeschriebene **Zulassung** (z. B. des Rechtsanwalts nach §§ 4 ff. BRAO) charakterisiert. Daher kann eine Tätigkeit, die sich durch das Fehlen einer Zulassung von derjenigen des Katalogberufs unterscheidet, dieser nicht ähnlich sein. Zum Betreuer können die Amtsgerichte nach § 1897 I BGB jede natürliche Person bestellen, die geeignet ist, in dem gerichtlich bestimmten Aufgabenkreis die Angelegenheiten des Betreuten rechtlich zu besorgen und ihn in dem hierfür erforderlichen **6**

Umfang persönlich zu betreuen. Eine behördliche Zulassung ist nicht vorgesehen. Daher ist die Betreuung nicht dem Katalogberuf des Rechtsanwalts „ähnlich" i.S.d. § 18 I Nr. 1 S. 2 Var. 3 EStG.

c) Sonstige selbständige Arbeit

7 Allerdings könnte die Betreuung als sonstige selbständige Arbeit nach § 18 I Nr. 3 EStG zu qualifizieren sein. Die beispielhafte Aufzählung sonstiger selbständiger Arbeiten nennt die Vollstreckung von Testamenten, die Vermögensverwaltung sowie die Tätigkeit als Aufsichtsratsmitglied. Die angeführten Beispiele sollen den Begriff der sonstigen selbständigen Tätigkeit charakterisieren. Es handelt sich nicht um einen abschließenden Katalog. Erforderlich und ausreichend ist deshalb, wenn die sonstige Tätigkeit den in § 18 I Nr. 3 EStG genannten Regelbeispielen ähnlich ist. Im Gegensatz zu der Ähnlichkeit zu einem Katalogberuf i.S.d. § 18 I Nr. 1 S. 2 EStG muss die zu beurteilende Tätigkeit bei § 18 I Nr. 3 EStG nicht einer bestimmten im Gesetz beispielhaft genannten Tätigkeit ähnlich sein. Eine **Gruppenähnlichkeit** mit den genannten Tätigkeiten genügt. Den in § 18 I Nr. 3 EStG genannten Tätigkeiten ist gemeinsam, dass sie im Kern die Verwaltung fremden Vermögens betreffen.

8 Gegenstand des Berufsbilds der Berufsbetreuer ist – wie sich aus § 1896 I BGB ergibt – die Unterstützung und Beratung volljähriger Menschen, die in ihrer Entscheidungs- oder Handlungsfähigkeit eingeschränkt sind und deshalb nicht selbst für ihre Angelegenheiten sorgen können. Das Betreuungsgericht bestellt einen Betreuer für einen oder mehrere Aufgabenkreise (§ 1896 II 1 BGB). Die im Einzelfall in Betracht kommenden **Aufgabenkreise** sind vielfältig. Umfasst sind zum einen persönliche Angelegenheiten, z. B. Gesundheitsangelegenheiten (insbesondere die Organisation von pflegerischen Diensten oder die Einwilligung in ärztliche Behandlungen), Wohnungsfragen und die Bestimmung des Aufenthalts oder des Umgangs. Zum anderen obliegt dem Betreuer regelmäßig die Unterstützung des Betroffenen in Vermögensangelegenheiten, einschließlich eines Vertreterhandelns. Letztere bilden in der Regel den Schwerpunkt der Betreuung, da auch die Aufgaben aus dem persönlichen Bereich vermögensrechtliche Aspekte zumindest mittelbar berühren. So stellt z. B. die Entscheidung über eine mögliche Heilbehandlung wegen der damit verbundenen Kosten für den Betreuten zugleich auch eine vermögensrelevante Entscheidung dar. Aufgrund des vermögensverwaltenden Schwerpunkts ist die Berufsbetreuung eine sonstige selbständige Arbeit i.S.d. § 18 I Nr. 3 EStG.

2. Form der Einkünfteermittlung

Jürgen erzielt ausschließlich Einkünfte aus selbständiger Arbeit. 9
Mangels Kaufmannseigenschaft i.S.d. § 1 HGB ist er nicht nach § 140 AO i.V.m. § 238 I HGB zur Buchführung verpflichtet. Die originär steuerrechtliche Verpflichtung zur Buchführung nach § 141 I 1 AO ist auf gewerbliche Unternehmer sowie Land- und Forstwirte beschränkt und gilt nicht für Selbständige i.S.d. § 18 EStG. Daher muss Jürgen seinen Gewinn nicht durch Betriebsvermögensvergleich nach § 4 I EStG ermitteln, sondern ist zur Gewinnermittlung durch **Einnahme-Überschuss-Rechnung** gemäß § 4 III 1 EStG berechtigt.

3. Betriebseinnahmen

Jürgen hat Betriebseinnahmen i.H.v. 79.700 Euro erklärt. Fraglich 10
ist, ob er diese Geschäftsvorfälle richtig erfasst hat oder ob Korrekturen geboten sind. Um betriebsnotwendige Anschaffungen tätigen zu können, hat Jürgen im Jahr 2017 ein **Darlehen** in Höhe von 15.000 Euro aufgenommen. Fraglich ist, ob dieser Zufluss als Betriebseinnahme zu erfassen ist.

Der Begriff der **Betriebseinnahme** ist nicht legal definiert. Auf- 11
grund der durch Art. 3 I GG gebotenen Gleichbehandlung mit den Betriebsausgaben (§ 4 IV EStG) sowie den Anforderungen an die Einnahmen im Bereich der Überschusseinkünfte (§ 8 I EStG) sind Betriebseinnahmen alle Wertzugänge in Geld oder Geldeswert, die durch den Betrieb bzw. die selbständige Arbeit veranlasst sind. Wertzugänge in Geldeswert sind alle Vorteile, die nach objektiven Merkmalen in Geld ausgedrückt werden können, einen wirtschaftlichen und nicht nur ideellen Wert besitzen und damit eine objektive Bereicherung des Zuwendungsempfängers zur Folge haben.

Mit der Gutschrift auf seinem Girokonto hat Jürgen die **wirtschaft-** 12
liche Verfügungsmacht über die Darlehensvaluta i.H.v. 14.700 Euro erlangt. Zu berücksichtigen ist aber, dass Jürgen nach § 488 I 2 BGB zur Rückzahlung des Darlehens verpflichtet, die Darlehensvaluta ihm also nicht endgültig zugeflossen ist. Im Fall (freiwilliger) Bilanzierung wäre die Darlehensaufnahme aufgrund der Passivierung der (Rückzahlungs-)Verbindlichkeit in derselben Höhe ein gewinnneutraler Vorgang. Wie die Bilanzierung hat auch die Einnahmen-Überschuss-Rechnung zum Ziel, den für das Einkommensteuerrecht einheitlich in § 4 I EStG und § 5 EStG festgelegten Gewinn zu ermitteln. Gegenüber der Gewinnermittlung durch bilanziellen Betriebsvermögensvergleich ist die Einnahmen-Überschuss-Rechnung (§ 4 III 1 EStG) insofern eine vereinfachte Methode, als das Betriebsergebnis der jeweiligen Besteuerungsperiode in erster Linie aufgrund des Überschusses der Betriebs-

einnahmen über die Betriebsausgaben – d. h. anhand des sich ergebenden Saldos betrieblich veranlasster Geldzu- und Geldabflüsse – zu bestimmen ist. Die Anwendung des Zu- und Abflussprinzips kann jedoch bei isolierter Betrachtung einzelner VZ zur Folge haben, dass die nach § 4 III EStG ermittelten Gewinne deutlich von den nach § 4 I EStG ermittelten Gewinnen abweichen und insbesondere auch wirtschaftlich nicht erzielte Gewinne oder Verluste zu versteuern sind. Eine Verschiebung des Gewinnausweises in gewissem Umfang hat der Gesetzgeber zwar aus Vereinfachungsgünden in Kauf genommen. Auf Dauer soll die Gewinnermittlung nach § 4 III EStG aber denselben Gesamtgewinn (vor Steuern) wie der Betriebsvermögensvergleich ergeben (sog. Grundsatz der Gesamtgewinngleichheit). Andernfalls drohten aufgrund des progressiven Einkommensteuertarifs (§ 32a I EStG) erhebliche Verzerrungen. Um diese zu vermeiden bedarf die Geldrechnung der Einnahmen-Überschuss-Rechnung u. a. bei der Darlehensaufnahme einer Korrektur.

13 Diese Korrektur wird dadurch erreicht, dass der Steuerpflichtige bei der Entgegennahme **hypothetische Anschaffungskosten** in Höhe der Darlehensvaluta für ein nicht absetzbares Wirtschaftsgut des Anlagevermögens („Recht" zum Behaltendürfen der Valuta auf Zeit) aufwendet, diese aber entsprechend § 4 III 4 EStG nicht als Betriebsausgaben berücksichtigen darf. Demnach sind der Zu- und Abfluss erst im Zeitpunkt der Darlehensrückzahlung zu saldieren. Die Auszahlung der Valuta begründet im Zeitpunkt der Darlehensaufnahme keine Betriebseinnahme. Sie ist ein gewinnneutraler Vorgang und die aufgezeichneten Betriebseinnahmen sind dementsprechend von 79.700 Euro auf 65.000 Euro zu korrigieren.

./. 14.700 Euro

4. Betriebsausgaben

14 Jürgen hat Betriebsausgaben i.H.v. 25.800 Euro erklärt. Fraglich ist, ob auch hier Korrekturen angezeigt sind. Betriebsausgaben sind nach **§ 4 IV EStG** Aufwendungen, die durch den Betrieb bzw. die selbständige Arbeit veranlasst sind. Dies ist anzunehmen, wenn die Aufwendungen objektiv mit dem Betrieb zusammenhängen und subjektiv dem Betrieb zu diesen bestimmt sind. Andernfalls handelt es sich um nicht abziehbare Kosten der privaten Lebensführung (§ 12 Nr. 1 EStG).

a) Damnum

15 Bei der Darlehensaufnahme wurde ein Betrag i.H.v. 2 % (= 300 Euro) absprachegemäß von der Bank einbehalten und das Darlehen folglich nicht in der Nominalhöhe, sondern nur i.H.v. 14.700 Euro an Jürgen ausbezahlt. Fraglich ist, wie dies steuerlich zu behandeln ist.

Zivilrechtlich ist ein solches Damnum – im Unterschied zu Bearbeitungsgebühren – **kein Entgelt** für einen einmaligen Verwaltungsaufwand bei der Kreditbeschaffung und Kreditgewährung, sondern ein Ausgleich für einen niedrigeren Nominalzins. Bei der steuerrechtlich gebotenen wirtschaftlichen Betrachtung handelt es sich um Zinsen, die nicht erst während oder nach dem Ende der vereinbarten Laufzeit des Darlehens, sondern bereits bei der Auszahlung geleistet werden. Da das Darlehen betrieblich veranlasst ist, besteht auch für die damit einhergehende Zinszahlung eine betriebliche Veranlassung, so dass sie als Betriebsausgabe abzusetzen ist. **16**

Die übrigen **Zinsen** für das Darlehen sind nachschüssig, d. h. die Zinszahlungspflicht (§ 488 I 2 BGB) ist erst nach Ablauf der vereinbarten Zinsperiode fällig. Da Jürgen sie nicht als Vorauszahlung und damit bereits vor der Fälligkeit im Jahr 2018 bezahlt hat (§ 11 II 1 EStG), sind die von ihm aufgezeichneten Betriebsausgaben nur um das Damnum i.H.v. 300 Euro zu erhöhen. **17**

+ 300 Euro

b) Anwaltsrobe und Anzug

Als Betriebsausgaben hat Jürgen auch seine Aufwendungen für die Anschaffung einer Anwaltsrobe (400 Euro) und eines Anzugs (400 Euro) aufgezeichnet. Sowohl den Anzug als auch die Robe trägt Jürgen ausschließlich beruflich; ohne seine Tätigkeit als Anwalt wären ihm die Aufwendungen nicht entstanden. Daher liegt es nahe, die Anschaffungskosten in voller Höhe als betrieblich veranlasst zu behandeln (§ 4 IV EStG). Fraglich ist allerdings, ob und inwieweit eine private Mitveranlassung i.S.d. § 12 Nr. 1 EStG vorliegt. **18**

aa) Gemischter Aufwand

Nach § 12 Nr. 1 S. 1 EStG dürfen die für den Haushalt des Steuerpflichtigen und für den Unterhalt seiner Familienangehörigen aufgewendeten Beträge weder als Betriebsausgaben noch als Sonderausgaben noch als außergewöhnliche Belastungen abgezogen werden. Zu den Aufwendungen für den Haushalt des Steuerpflichtigen gehören nach § 12 Nr. 1 S. 2 EStG auch solche Aufwendungen für die Lebensführung, die die wirtschaftliche oder gesellschaftliche Stellung des Steuerpflichtigen mit sich bringt, auch wenn sie zur Förderung des Berufs oder der Tätigkeit des Steuerpflichtigen erfolgen. Trotz dieser Begriffserweiterung enthält § 12 Nr. 1 EStG lediglich eine beispielhafte und keine abschließende Aufzählung sämtlicher Aufwendungen, die nicht beruflich veranlasst sind und daher nicht abgezogen werden dürfen. Der Oberbegriff der Lebensführung umfasst vielmehr den gesamten Bereich des persönlichen, menschlichen Daseins. Dazu **19** gehört auch das allgemeine menschliche Bedürfnis, in der Öffentlichkeit und bei der Berufsausübung bekleidet zu sein. Aus diesem Grund besteht bei Aufwendungen für Kleidung grundsätzlich eine **private Mitveranlassung**. Dies gilt auch dann, wenn die Kleidung ausschließlich beruflich getragen wird.

bb) Typische Berufskleidung

20 Im Bereich der Überschusseinkünfte können Aufwendungen für typische Berufskleidung i.S.d. **§ 9 I 3 Nr. 6 EStG** als Werbungskosten abgesetzt werden. Aufgrund der durch Art. 3 I GG gebotenen Gleichbehandlung der Einkunftsarten gilt die Norm gleichermaßen für die Gewinneinkünfte. Typische Berufskleidung liegt vor, wenn sie ihrer abstrakten Beschaffenheit nach objektiv nahezu ausschließlich für die berufliche Verwendung bestimmt und wegen der Eigenart des Berufs nötig ist. Dies sind Kleidungsstücke, die nur im Hinblick auf die beruflichen Erfordernisse angeschafft und – regelmäßig – auf eine bestimmte Berufstätigkeit zugeschnitten sind, wie z. B. die Uniform eines Soldaten. Derartige Kleidungsstücke verlieren ihren Charakter als Berufskleidung auch nicht dadurch, dass sie in ganz geringfügigem Umfang (z. B. an Karneval) auch privat genutzt werden. Aus diesem Grund ist die Anwaltsrobe als typische Berufskleidung des Rechtsanwalts einzuordnen. Insoweit hat Jürgen zutreffend Betriebsausgaben i.H.v. 400 Euro aufgezeichnet. Der schwarze Anzug kann hingegen abstrakt auch bei sonstigen privaten Anlässen, wie z. B. einer Hochzeit oder einem Opernbesuch getragen werden.

cc) Aufteilbarkeit oder Abzugsverbot

21 Bei gemischten Aufwendungen – hier: Abschaffung des schwarzen Anzugs (sog. business Kleidung) – entnahm der BFH aus dem letzten Teil des § 12 Nr. 1 S. 2 EStG **über den Wortlaut hinaus** ein allgemeines Aufteilungs- und Abzugsverbot. Danach durften Aufwendungen, die zum Teil die private Lebensführung und zum Teil die Einkünfteerzielung betrafen, nicht aufgeteilt und in Höhe des beruflich veranlassten Teils abgezogen werden. Dadurch sollte im Interesse steuerlicher Gerechtigkeit verhindert werden, dass Steuerpflichtige durch eine mehr oder weniger zufällige oder bewußt herbeigeführte Verbindung von beruflichen und privaten Erwägungen Aufwendungen für die Lebensführung nur deshalb zum Teil in den steuerrechtlich relevanten Bereich verlagern können, weil sie einen Beruf haben, der ihnen dies ermöglicht, während andere Steuerpflichtige gleichartige Aufwendungen aus versteuerten Einkünften decken müssen.

22 Eine **Ausnahme** vom Aufteilungsverbot wurde nur in Sachverhalten zugelassen, in denen eine solche Missbrauchsgefahr offensichtlich

nicht bestand. Dies war jedenfalls anzunehmen, wenn die gemischten Aufwendungen leicht und einwandfrei nach objektiven Kriterien aufgeteilt werden konnten. Im Fall des sowohl privat als auch beruflich getragenen Anzugs ist eine Aufteilung anhand objektiver Kriterien nicht möglich, da kein konkreter Ursachenzusammenhang zwischen dem privaten bzw. beruflichen Aufwand und der privaten bzw. beruflichen Nutzung besteht.

Seit der Änderung der Rechtsprechung im Jahr 2013 lässt der BFH **23** eine Aufteilung auch ohne konkreten Ursachenzusammenhang anhand bloßer Schätzungskriterien zu. Die Anforderungen an den Schätzungsmaßstab sind derzeit zwar noch nicht höchstrichterlich geklärt. Für business Kleidung, die privat und beruflich genutzt werden kann, wird eine Aufteilbarkeit aber aufgrund der gesetzgeberischen Wertungsentscheidung des § 9 I 3 Nr. 6 EStG nach wie vor nicht anerkannt. Auch ein „Fahrtenbuch" über die zeitlichen Nutzungsanteile des Anzugs würde hieran nichts ändern. Ausschlaggebend ist nicht der Anlass der Benutzung, sondern der stets vorliegende mitursächliche Wille „bekleidet zu sein". Da dieses Bedürfnis **nicht quantifizierbar** ist, kann eine Aufteilung im Verhältnis der zeitanteiligen Nutzung nicht erfolgen. Dies gilt auch dann, wenn die Kleidung zum Teil oder nahezu ausschließlich im Beruf getragen wird. Andernfalls könnte der Steuerpflichtige je nach Art des im Einzelfall ausgeübten Berufs geltend machen, ohne den Beruf die tatsächlich verwendete (aufwendige) Kleidung nicht angeschafft zu haben, so dass der überwiegende Bekleidungsaufwand beruflich veranlasst sei. Der für den Anzug getätigte Aufwand gehört somit zu den Ausgaben für die allgemeine Lebensführung i.S.d. § 12 Nr. 1 S. 2 EStG. Die erklärten Betriebsausgaben sind um 400 Euro zu reduzieren.

./. 400 Euro

c) Drucker

Die Anschaffung des Druckers ist durch die selbständige Arbeit als **24** Rechtsanwalt veranlasst. Die Aufwendungen sind daher dem Grunde nach Betriebsausgaben (§ 4 IV EStG). Die Anzahlung i.H.v. 357 Euro hat Jürgen im Oktober 2017 geleistet, so dass es nahe liegt, die Betriebsausgaben nach dem bei der Einnahmen-Überschuss-Rechnung (§ 4 III EStG) grundsätzlich anwendbaren **Abflussprinzip** (§ 11 II 1 EStG) im VZ 2017 abzusetzen. Anderes könnte sich jedoch aus den nach § 4 III 3 EStG anwendbaren Vorschriften über die AfA (§§ 7 ff. EStG) ergeben.

Nach **§ 7 I 1 i.V.m. § 4 III 3 EStG** ist bei Wirtschaftsgütern, deren **25** Verwendung oder Nutzung durch den Steuerpflichtigen zur Erzielung von Einkünften sich erfahrungsgemäß auf einen Zeitraum von mehr als einem Jahr erstreckt, jeweils für ein Jahr der Teil der Anschaffungs- oder Herstellungskosten (§ 255 HGB) abzusetzen, der bei gleichmäßiger Verteilung dieser Kosten auf die Gesamtdauer der Verwendung oder Nutzung auf ein Jahr entfällt. Da Jürgen den neuen Drucker jedenfalls für einen Zeitraum von mehr als einem Jahr für seine selbständige Arbeit einsetzen will, kann er die Anschaffungskosten nicht in voller Höhe im Zeitpunkt des Geldabflusses steuerlich geltend machen, sondern muss diese über die gewöhnliche Nutzungsdauer verteilen. Aufgrund der Verteilung der Anschaffungskosten auf die gewöhnliche Nutzungsdauer enthält die AfA eine Abweichung von dem allgemeinen Abflussprinzip (§ 11 II 1 EStG). In welchem VZ die jährlichen Absetzungen erstmals vorzunehmen sind, bestimmt sich nicht nach dem Zeitpunkt des tatsächlichen Aufwands, sondern nach der **Anschaffung** (§ 7 I 4 EStG). Die nach § 9a Hs. 1 EStDV maßgebliche Lieferung ist der Zeitpunkt, zu dem der Steuerpflichtige das wirtschaftliche Eigentum (§ 39 AO) erlangt. Da die Lieferung des Druckers erst am 12.3.2018 erfolgte, sind Betriebsausgaben erstmals im VZ 2018 abzusetzen. Die von Jürgen für den VZ 2017 als Betriebsausgabe erklärte Anzahlung ist somit zu korrigieren.

./. 357 Euro

26 Diese Anzahlung umfasste aber auch eine Umatzsteuer i.H.v. 19 % (57 Euro). Fraglich ist, ob diese bereits in 2017 oder ebenfalls erst im VZ 2018 steuerlich geltend gemacht werden kann. Auf die Gesamtdauer der Verwendung oder Nutzung sind nach § 7 I 1 EStG nur die Anschaffungskosten zu verteilen. Nicht zu den Anschaffungskosten gehört nach § 9b I EStG der **Vorsteuerbetrag** nach § 15 UStG, soweit er bei der Umsatzsteuer abgezogen werden kann. Vorsteuerbeträge sind die Umsatzsteuerbeträge, die einem Unternehmer (§ 2 I 1 UStG) für Lieferungen und sonstige Leistungen, die für sein Unternehmen ausgeführt worden sind, in einer nach den §§ 14, 14a UStG ausgestellten Rechnung gesondert ausgewiesen wurden.

27 Zum Vorsteuerabzug berechtigt sind nach § 15 I 1 UStG Unternehmer. **Unternehmer** ist nach § 2 I 1 UStG, wer eine gewerbliche oder berufliche Tätigkeit selbständig ausübt. Nach § 15 I 1 Nr. 1 UStG bedarf es einer steuerpflichtigen Eingangsleistung. Die nach § 1 I Nr. 1 UStG steuerbaren Umsätze sind durch den Leistungsaustausch (Lieferungen und sonstige Leistungen gegen Entgelt) gekennzeichnet. Wegen des systematischen Zusammenhangs beider Vorschriften und im Umkehrschluss zu § 15 Ia 1, II 1 Nr. 1 UStG ist es erforderlich, dass die Ausgangsumsätze des Steuerpflichtigen den Steuertatbestand des § 1 I Nr. 1 UStG verwirklichen. Als sonstige Leistungen i.S.d. § 3 IX UStG sind die Beratungsleistungen, die Jürgen als selbständiger Rechtsanwalt erbringt, umsatzsteuerpflichtig. Eine Steuerbefreiung nach § 4 UStG besteht nicht. Somit ist Jürgen nach § 15 I 1 Nr. 1 UStG zum Vorsteuerabzug berechtigt. Daraus folgt für die Einkommensteuer, dass der in der Anzahlung enthaltene Umsatzsteuerbetrag i.H.v. 57 Euro nicht zu den Anschaffungskosten des Laptops gehört (§ 9b I EStG). Es handelt sich vielmehr um eine eigenständige Betriebsausgabe, die im VZ 2017 abgeflossen ist. Die Betriebsausgaben sind daher um 57 Euro zu erhöhen.

+ 57 Euro

Da der Leistungsempfänger die Umsatzsteuer zunächst an den Leistenden entrichtet, kann mit Ablauf des jeweiligen Voranmeldungszeitraums (§ 18 II 1 bzw. IIa UStG) und unter den Voraussetzungen des § 15 I 1 Nr. 1 UStG ein Anspruch gegen das FA auf Erstattung der Vorsteuer entstehen. Damit ist sowohl die Betriebsausgabe in Form der aufgewendeten Umsatzsteuer (als Teil des Kaufpreises) als auch die erstattete Vorsteuer als Betriebseinnahme bei wirtschaftlicher Betrachtung ein durchlaufender Posten. Gleichwohl findet **§ 4 III 2 EStG** keine Anwendung. Die Umsatzsteuer wird vom Steuerpflichtigen nicht im Namen und für Rechnung der Finanzverwaltung, sondern im eigenen Namen und für eigene Rechnung verausgabt und vereinnahmt. **27a**

d) „Nützliche Aufwendungen“

Die unter dem Begriff „nützliche Aufwendungen“ aufgezeichneten Leistungen hat Jürgen erbracht, um die Vergabe sozialrechtlicher Mandate durch den städtischen Angestellten Arm zu seinen Gunsten zu beeinflussen. Die Aufwendungen stehen somit in einem objektiven Zusammenhang mit Jürgens beruflicher Tätigkeit und wurden subjektiv zu dessen Förderung erbracht (§ 4 IV EStG). **28**

Für die Steuerbarkeit ist es grundsätzlich unerheblich, ob ein Verhalten, das den Tatbestand eines Steuergesetzes erfüllt, gegen ein gesetzliches Gebot oder Verbot oder gegen die guten Sitten verstößt (§ 40 AO). Für Betriebsausgaben enthält **§ 4 V 1 Nr. 10 EStG** eine Ausnahme von diesem Grundsatz. Danach dürfen Aufwendungen den Gewinn nicht mindern, wenn die Zuwendung der Vorteile eine rechtswidrige Handlung darstellt, die den Tatbestand eines Strafgesetzes oder eines Gesetzes verwirklicht, das die Ahndung mit einer Geldbuße zulässt. Vorteil in diesem Sinn ist jede Zuwendung auf die der Empfänger keinen rechtlich begründeten Anspruch hat und die ihn materiell oder immateriell in seiner wirtschaftlichen, persönlichen oder rechtlichen Situation besser stellt. Erforderlich ist, dass die Zuwendung des Vorteils eine rechtswidrige Handlung darstellt. Ob auch der Empfang des Vorteils einen Straf- oder Bußgeldtatbestand verwirklicht, ist unerheblich. Ausreichend ist die abstrakte Strafbarkeit, also die Erfüllung eines Straf- oder Bußgeldtatbestands. Demgemäß ist es auch **29** unerheblich, ob gegen den Steuerpflichtigen wegen der Tat ermittelt wird und welchen Ausgang ein solches Verfahren nimmt.

30 Als Angestellter im Dienst der Stadt ist Arm Amtsträger i.S.d. § 11 I Nr. 2 lit. b StGB. Bei der Vergabe sozialrechtlicher Mandate steht Arm ein Auswahlermessen zu. Mit der Zuwendung des Geldbetrags wollte Jürgen zukünftige Entscheidungen zu seinen Gunsten beeinflussen. Zielt die Vorteilsgewährung auf eine künftige Amtshandlung, die im Ermessen des Amtsträgers steht, ist die **Bestechung** – wie § 334 III Nr. 2 StGB klarstellt – bereits dann vollendet, wenn der Gewährende versucht, den Amtsträger bei der Ausübung seines Ermessens zu beeinflussen. Ob die Zuwendung die Vergabe tatsächlich beeinflusst, Arm sein Auswahlermessen also bewusst pflichtwidrig betätigt hat, ist unerheblich. Somit erfüllt die Zuwendung den Tatbestand der Bestechung (§ 334 I StGB). Als solche darf sie den Gewinn nicht mindern (§ 4 V 1 Nr. 10 EStG). Die aufgezeichneten Betriebsausgaben sind daher um 10.000 Euro zu reduzieren.

./. 10.000 Euro

e) Zwischenergebnis

31 Die von Jürgen aufgezeichneten Betriebsausgaben i.H.v. 25.800 Euro sind fehlerhaft und wie folgt zu korrigieren: das Damnum (+ 300 Euro) stellt eine weitere Betriebsausgabe dar; die Anschaffungskosten für den schwarzen Anzug (./. 400 Euro) und die „nützliche Aufwendung" (./. 10.000 Euro) dürfen den Gewinn nicht mindern. Die Anzahlung für den Drucker (./. 357 Euro) ist – mit Ausnahme des Vorsteueranteils (+ 57 Euro) – nicht im VZ 2017 zu berücksichtigen. Daraus ergibt sich ein korrigierter Ansatz von Betriebsausgaben i.H.v. 15.400 Euro.

5. Gesamtbetrag der Einkünfte

32 Mit seiner selbständigen Arbeit als Rechtsanwalt hat Jürgen im VZ 2017 Einkünfte in einer Gesamthöhe von 49.600 Euro (= 65.000 Euro ./. 15.400 Euro) erzielt. Da Jürgen keine anderen Einkünfte erzielte und auch keine Anzeichen für die Entlastungsbeträge nach § 2 III EStG bestehen, beträgt auch der Gesamtbetrag der Einkünfte 49.600 Euro.

II. Sonderausgaben

33 Das Einkommen (§ 2 IV EStG) ist der Gesamtbetrag der Einkünfte, vermindert um die Sonderausgaben und die außergewöhnlichen Belastungen. Die **Unterhaltszahlungszahlungen**, die Jürgen im VZ 2017 an Ramona geleistet hat, könnten nach **§ 10 Ia Nr. 1 EStG** abzugsfähig sein. Der Sonderausgabenabzug setzt voraus, dass die Zahlungen

keine Betriebsausgaben sind und nicht wie Betriebsausgaben behandelt werden. Die an Ramona geleisteten Zahlungen sind nicht durch Jürgens berufliche Tätigkeit veranlasst, mithin keine Betriebsausgaben (§ 4 IV EStG).

1. Personelle Voraussetzungen

Nach dem sog. **begrenzten Realsplitting** (§ 10 Ia Nr. 1 EStG) ist der Sonderausgabenabzug von Unterhaltsleistungen zulässig, wenn die Zahlungen an einen geschiedenen oder dauernd getrennt lebenden Ehegatten erbracht werden. Ohne Bedeutung ist, auf welcher Rechtsgrundlage (gesetzlicher Anspruch, Vergleich) diese beruhen. Entscheidend ist lediglich, dass die Leistungen durch das dauernde Getrenntleben der Ehegatten oder durch die Scheidung der Ehe veranlasst sind. Seit dem Auszug von Jürgen aus der Ehewohnung im Juni 2016 besteht keine häusliche Gemeinschaft mehr. Da jedenfalls Jürgen aufgrund seiner neuen Beziehung die häusliche Gemeinschaft mit Ramona nicht wiederherstellen will, lebten sie in der Zeit vom 1.1. bis zum 16.11.2017 dauernd getrennt i.S.d. § 1567 BGB. Mit Wirkung vom 17.11.2017 wurde die Ehe rechtskräftig geschieden (vgl. § 1564 S. 2 BGB). Da der gerichtliche Vergleich über die Unterhaltsleistungen im Rahmen des Scheidungsverfahrens geschlossen wurde, sind die Unterhaltszahlungen durch das Getrenntleben und die Ehescheidung veranlasst. **34**

Des Weiteren müssen sowohl der Empfänger als auch der Geber unbeschränkt einkommensteuerpflichtig sein. Dies ergibt sich für den Empfänger aus § 10 Ia Nr. 1 EStG, für den Geber aus einem Umkehrschluss zu **§ 50 I 3 EStG**. Auch nach der Scheidung verfügen Jürgen und Ramona über einen Wohnsitz (§ 8 AO) im Inland; sie sind nach § 1 I 1 EStG unbeschränkt einkommensteuerpflichtig. **35**

2. Antrag und Zustimmung

Letztlich müsste Jürgen den Sonderausgabenabzug beantragt und Ramona zugestimmt haben. Auf die Zustimmung hat Jürgen grundsätzlich einen Anspruch. Die eheliche Treuepflicht (§§ 1353 I 2, 242 BGB) verpflichtet den Unterhaltsberechtigten, an Maßnahmen mitzuwirken, die die finanzielle Belastung des Unterhaltspflichtigen mindern, dessen Leistungsfähigkeit erhöhen, wenn zugleich dem Unterhaltsgläubiger aus der Zustimmung keine Nachteile erwachsen. Für den Unterhaltsempfänger hat die Zustimmung den steuerlichen Nachteil, dass er die Unterhaltsleistungen, soweit sie vom Geber als Sonderausgaben abgezogen werden können, als Einnahmen nach § 22 Nr. 1a EStG zu versteuern hat (sog. **Korrespondenzprinzip**). Da der Unterhaltsberechtigte aufgrund seiner Bedürftigkeit (§ 1577 BGB) regelmäßig keine **36** weiteren Einkünfte hat, wirkt sich das im Regeltarif über den sog. Progressionsvorteil berücksichtigte Existenzminimum (§ 32a I EStG) mittelbar für den Unterhaltsleistenden günstig aus. Er ist daher regelmäßig bereit, den Unterhaltsberechtigten von allen steuerlichen Nachteilen sowie ggf. sonstigen Nachteilen, die aus dem begrenzten Realsplitting entstehen, freizustellen. Gibt er eine solche Erklärung ab, kann er von dem Unterhaltsempfänger Zug um Zug die Erklärung der Zustimmung verlangen. Vorliegend ist davon auszugehen, dass alle Wahlrechte steuerlich günstig ausgeübt, mithin die Zustimmung erteilt wurde. Da die Unterhaltszahlungen den Höchstbetrag von 13.805 Euro nicht überschreiten, kann Jürgen sämtliche im VZ 2017 erbrachten Unterhaltsleistungen als Sonderausgaben abziehen.

./. 9.600 Euro

D. Ergebnis

37 Der Gesamtbetrag der Einkünfte (§ 2 III EStG) i.H.v. 49.600 Euro ist um die Sonderausgaben i.H.v. 9.600 Euro zu vermindern. Demnach hat Jürgen im VZ 2017 ein Einkommen (§ 2 IV EStG) i.H.v. 40.000 Euro.

Teil 2:

A. Rechtmäßigkeit der Mitteilung an die Staatsanwaltschaft

38 Fraglich ist, ob die Mitteilung des Sachbearbeiters an die zuständige Staatsanwaltschaft rechtmäßig war. Der Weitergabe der durch die Auskunft erlangten Kenntnisse könnte das **Steuergeheimnis** (§ 30 I AO) entgegenstehen. Das Steuergeheimnis bezweckt den Schutz des Betroffenen vor einer unkontrollierten Offenlegung der im Steuerverfahren erlangten Kenntnisse über seine privaten und beruflichen bzw. geschäftlichen Verhältnisse. Es bezweckt, das Vertrauen der Bürger in die Verschwiegenheit der Finanzbehörden zu sichern und soll dadurch die Bereitschaft der am Steuerverfahren Beteiligten fördern, ihre Offenbarungs- und Mitwirkungspflichten umfassend zu erfüllen.

I. Adressat des Steuergeheimnisses

39 Zur Wahrung des Steuergeheimnisses sind **Amtsträger** i.S.d. § 7 AO verpflichtet (§ 30 I AO). Als Sachbearbeiter am FA ist Schlau ein Angestellter im öffentlichen Dienst, mithin Amtsträger (§ 7 Nr. 2 AO).

II. Inhalt des Steuergeheimnisses

Aufgrund des Steuergeheimnisses ist es Amtsträgern u. a. untersagt, Verhältnisse eines anderen, die ihnen in einem Verwaltungsverfahren bekannt geworden sind, unbefugt zu offenbaren (§ 30 II Nr. 1 lit. a AO). Der Begriff **Verhältnisse** umfasst alle persönlichen und wirtschaftlichen Umstände, unabhängig von ihrer steuerlichen Relevanz, die mit einer bestimmten Person im Zusammenhang stehen. Dazu gehört auch die Zahlung von 10.000 Euro von Jürgen an Arm. Dieser Vorgang wurde Schlau in einem Verwaltungsverfahren in Steuersachen bekannt. Der Begriff des **Verwaltungsverfahrens** umfasst in Steuersachen alle Maßnahmen, die zur Festsetzung, Erhebung und Vollstreckung von Steuern ergriffen werden, folglich auch das Veranlagungsverfahren zur Einkommensteuer. Demnach unterliegt der Zahlungsvorgang grundsätzlich dem Steuergeheimnis. 40

III. Befugnis zur Offenbarung

Die Weitergabe der vom Steuergeheimnis grundsätzlich geschützten Verhältnisse könnte jedoch ausnahmsweise zulässig gewesen sein. Fraglich ist, ob die Offenbarung zur Durchführung eines Strafverfahrens wegen einer Steuerstraftat dient (§ 30 IV Nr. 1 i.V.m. II Nr. 1 lit. b AO). Sollte sich im Laufe der Ermittlungen herausstellen, dass Arm den Empfang der „nützlichen Aufwendung" als steuerpflichtige Einnahme vorsätzlich verschwieg, könnte er sich einer **Steuerhinterziehung** nach § 370 I Nr. 1 AO strafbar gemacht haben. Zuständig für die Verfolgung der Steuerhinterziehung ist nicht die Staatsanwaltschaft, sondern die Bußgeld- und Strafsachenstelle des FA (§§ 385 I, 386 I 1, 2 AO). Diese hat anstelle der Staatsanwaltschaft den Sachverhalt zu ermitteln. Da für den Anfangsverdacht einer Steuerhinterziehung aus Sicht des Schlau noch keine hinreichenden Anhaltspunkte bestehen, ist die sofortige Weitergabe des Sachverhalts an die Staatsanwaltschaft nicht nach § 30 IV Nr. 1 i.V.m. II Nr. 1 lit. b AO zulässig. 41

Die Offenbarung könnte jedoch anderweitig durch Gesetz ausdrücklich zugelassen sein (§ 30 IV Nr. 2 AO). Befugnisse zur Durchbrechung des Steuergeheimnisses können sich nicht nur aus der AO, sondern auch aus anderen Gesetzen (nicht nur Steuergesetzen) ergeben. Nach **§ 4 V Nr. 10 S. 3 EStG** ist die Finanzbehörde nicht nur befugt, sondern auch verpflichtet, Tatsachen, die den Verdacht einer Straftat oder Ordnungswidrigkeit i.S.d. § 4 V Nr. 10 S. 1 EStG begründen, der Staatsanwaltschaft mitzuteilen. Ausreichend ist der Anfangsverdacht. Dieser besteht gegenüber Jürgen im Hinblick auf eine Bestechung 42

(§ 334 I 1, III Nr. 2 StGB) sowie gegenüber Arm als Vorteilsempfänger wegen Bestechlichkeit (§ 332 I 1, III Nr. 2 StGB).

IV. Ergebnis

43 Die Mitteilung an die Staatsanwaltschaft war daher rechtmäßig.

B. Veranlagung von Arm

44 Aufgrund der Gleichmäßigkeit der Besteuerung (§ 85 S. 1 AO) sowie der **Amtsermittlungspflicht** (§ 88 I 1 AO) haben die Finanzbehörden grundsätzlich sämtliche Kenntnisse über den Sachverhalt zu berücksichtigen (§ 88 I 2 AO). Demnach dürfte das FA Augsburg den von Schlau mitgeteilten Sachverhalt nur dann nicht bei der Veranlagung von Arm berücksichtigen, wenn und soweit ein Verwertungsverbot bestünde.

45 Ein allgemeines gesetzliches **Verwertungsverbot** besteht auch für Tatsachen, die unter Verletzung von Verfahrensvorschriften ermittelt wurden, nicht. Der Gesetzgeber hat die Entwicklung steuerrechtlicher Verwertungsverbote vielmehr der Rechtsprechung überlassen, die diese Frage jedoch nur anhand des jeweiligen Verfahrensverstoßes beantwortet. Fraglich ist daher zunächst, ob die Mitteilung des Schlau (FA München) an das FA Augsburg rechtmäßig war.

I. Rechtmäßigkeit der Mitteilung an das FA Augsburg

46 Der Offenbarung der im Rahmen der Veranlagung von Jürgen erlangten Kenntnisse gegenüber dem FA Augsburg könnte wiederum das Steuergeheimnis des **§ 30 I, II Nr. 1 lit. a AO** entgegenstehen. Die Weitergabe dient der Korrektur des gegenüber Arm erlassenen Steuerbescheids. Die Korrektur nach Maßgabe der §§ 172 ff. AO ist Teil der Steuerfestsetzung im Veranlagungs- bzw. Festsetzungsverfahren (§ 25 I EStG, §§ 155 ff. AO). Die Offenbarung war somit nach § 30 IV Nr. 1 i.V.m. II Nr. 1 lit. a AO zulässig.

II. Korrektur

47 Der gegenüber Arm wirksam bekannt gegebene Einkommensteuerbescheid vom 26.6.2018 enthält keine offenbare Unrichtigkeit (§ 129 AO), erging ohne Nebenbestimmung (§§ 164, 165 AO) und ist am 20.12.2018 nicht mehr mittels Einspruch anfechtbar (§ 355 AO). Eine Korrektur des bestandskräftigen Einkommensteuerbescheids kann daher nur noch unter den Voraussetzungen der **§§ 172 ff. AO** erfolgen.

1. Änderung wegen neuer Tatsachen

Das FA Augsburg hätte den bestandskräftigen Einkommensteuerbescheid nach § 172 I 1 Nr. 2 lit. d Hs. 1 i.V.m. **§ 173 I Nr. 1 AO** zu ändern, soweit Tatsachen nachträglich bekannt werden, die zu einer höheren Steuer führen. 48

a) Nachträglich bekannt gewordene Tatsache

Tatsachen sind konkrete Vorgänge oder Zustände der Vergangenheit oder Gegenwart, die dem Beweis zugänglich und Merkmal oder Teilstück eines gesetzlichen Steuertatbestands sind, also Zustände, Vorgänge, Beziehungen, Eigenschaften materieller oder immaterieller Art. Die Zahlung von Jürgen an Arm ist ein solcher konkreter Vorgang. Die Zahlung müsste nachträglich bekannt geworden sein. Dabei können nur solche Tatsachen nachträglich bekannt werden, die zum Zeitpunkt der erstmaligen Veranlagung bereits **objektiv vorhanden**, aber noch unbekannt waren. Maßgeblich ist dafür nicht die Kenntnis des Steuerpflichtigen, sondern ausschließlich die Kenntnis derjenigen Person oder Stelle innerhalb der Finanzbehörde, die den zu ändernden Steuerbescheid erlassen hat. Die Zahlung von 10.000 Euro war im Zeitpunkt der erstmaligen Veranlagung bereits erfolgt, dem mit der Veranlagung befassten Sachbearbeiter aber nicht bekannt, da die Steuererklärung dazu unter Verstoß gegen die Wahrheitspflicht (§ 150 II 1 AO) keine Angaben enthielt. 49

b) Höhere Steuer

Letztlich müsste die bekannt gewordene Tatsache zu einer höheren Steuer führen. Dazu müsste sie eine steuerbare Einnahme darstellen. 50

aa) Arbeitslohn

Da Arm die Leistung erhielt, um Jürgen bei der Mandatsvergabe für die Stadt gewogen zu sein, könnte es sich um eine Einnahme aus nichtselbständiger Arbeit nach § 19 I 1 Nr. 1 EStG handeln. Dafür müsste ihm der Geldbetrag „im Rahmen" seiner Tätigkeit als städtischer Angestellter zugeflossen, also durch diese Tätigkeit veranlasst sein (§ 8 I EStG). Steuerbarer Arbeitslohn i.S.d. § 19 I 1 Nr. 1 EStG i.V.m. § 2 I LStDV sind alle Einnahmen, die dem Arbeitnehmer für eine Beschäftigung zufließen, also als Frucht der Arbeitsleistung für den Arbeitgeber zu betrachten sind. Dazu gehören auch **Zuwendungen Dritter** (§ 38 I 3 EStG), wenn der Arbeitnehmer sie vernünftigerweise als Frucht seiner Leistung für den Arbeitgeber ansehen muss. Dies gilt unabhängig davon, ob der Arbeitgeber Kenntnis von der Zuwendung hat. Die Zuwendung von Jürgen erfolgte allerdings entgegen der Interessen des Arbeitgebers; würde Arm die Zuwendung von Jürgen im 51

Rahmen seines Auswahlermessens berücksichtigen, würde er das ihm zustehende Ermessen fehlerhaft ausüben und damit seine Dienstpflicht zum rechtmäßigen Handeln verletzen. Demnach erfolgte die Zuwendung, um Arm zu der Verletzung einer Pflicht aus seinem Arbeitsverhältnis zu motivieren, mit anderen Worten „gegen das Arbeitsverhältnis". Demnach ist die Zahlung kein steuerbarer Arbeitslohn i.S.d. § 19 I 1 Nr. 1 EStG i.V.m. § 2 I LStDV.

bb) Sonstige Leistung

52 Die Zuwendung könnte jedoch nach § 22 Nr. 3 EStG steuerbar sein. Danach sind sonstige Einkünfte Leistungen, soweit sie weder zu anderen Einkunftsarten (§ 2 I 1 Nrn. 1–6 EStG) noch zu den Einkünften i.S.d. § 22 Nrn. 1, 1a, 2 oder Nr. 4 EStG gehören (z. B. Einkünfte aus gelegentlichen Vermittlungen und aus der Vermietung beweglicher Gegenstände). Eine solche (sonstige) **Leistung i.S.v. § 22 Nr. 3 EStG** ist jedes Tun, Unterlassen oder Dulden, das Gegenstand eines entgeltlichen Vertrags sein kann und das um des Entgelts willen erbracht wird. Als Tun genügt dabei das allgemeine Wohlwollen bei der Ausübung des Auswahlermessens im Rahmen der Auftragsvergabe.

53 Ein Vertrag, der die Zuwendung von 10.000 Euro als Gegenleistung für die Bevorzugung im Rahmen des dem Arm zustehenden Auswahlermessens zum Gegenstand hätte, wäre sittenwidrig und damit nichtig (**§ 138 I BGB**). Arm hätte keinen bürgerlich-rechtlich durchsetzbaren Anspruch auf die Zahlung. Die Unwirksamkeit eines Rechtsgeschäfts ist jedoch für die Besteuerung nach **§ 41 I AO** unerheblich, soweit die Beteiligten das wirtschaftliche Ergebnis des Rechtsgeschäfts gleichwohl eintreten lassen. Entscheidend für die Besteuerung ist nicht die Wirksamkeit des zugrunde liegenden bürgerlich-rechtlichen Vertrags, sondern allein die wirtschaftliche Gestaltung, wie sie die Beteiligten unter sich tatsächlich gelten lassen. Der wirtschaftliche Erfolg ist aber mit dem Zufluss der Zuwendung eingetreten.

54 Des Weiteren müsste die Leistung um des Entgelts willen erbracht worden sein. Maßgeblich dafür ist allein die **Veranlassung** der Zuwendung durch das Verhalten des Steuerpflichtigen. Die empfangene Leistung muss durch sein Verhalten ausgelöst worden sein. Es genügt, dass der Leistende eine im wirtschaftlichen Zusammenhang mit seinem Verhalten gewählte Gegenleistung als solche annimmt; ob diese tatsächlich erbracht wird, ist unerheblich. Da Jürgen die Zahlung geleistet hat, um auf künftige Ermessensausübungen von Arm Einfluss zu nehmen, hat er die Leistung um des Entgelts willen erbracht.

c) Zwischenergebnis

Der gewährte Vorteil ist als (sonstige) Leistung i.S.d. § 22 Nr. 3 EStG steuerbar und erhöht für den VZ 2017 die Steuerforderung gegenüber Arm. **55**

2. Festsetzungsverjährung

Die Änderung des Einkommensteuerbescheids von Arm wäre unzulässig, wenn die Festsetzungsfrist abgelaufen wäre (§§ 169 S. 1, 47 AO). Die Festsetzungsfrist beträgt grundsätzlich vier Jahre (§ 169 II 1 Nr. 2 AO). Bestätigt sich der Verdacht der Steuerhinterziehung gegen Arm, beträgt die Festsetzungsfrist sogar **zehn Jahre** (§ 169 II 2 AO). **56**

Die Festsetzungsfrist beginnt gemäß § 170 I AO frühestens mit dem Ablauf des Kalenderjahres, in dem die Steuer entstanden ist. Die Einkommensteuer ist – auch wenn sie im Verfahren der Lohnsteuer (§§ 38 ff. EStG) erhoben wird – eine Jahressteuer (§ 2 VII 1 EStG). Sie entsteht gemäß § 38 AO mit dem Ablauf des VZ, also dem 31.12.2017. Da Arm seine Einkommensteuererklärung im Jahr 2018 abgegeben hat (§ 149 II 1 AO), beginnt die Festsetzungsfrist gemäß § 170 II 1 Nr. 1 AO erst mit dem Ablauf des Kalenderjahres 2018. Somit ist die Festsetzungsverjährung für den VZ 2017 noch nicht eingetreten. **57**

III. Ergebnis

Das FA Augsburg ist nach § 172 I 1 Nr. 2 lit. d Hs. 1 i.V.m. § 173 I Nr. 1 AO berechtigt und verpflichtet, den Steuerbescheid gegenüber Arm zu korrigieren. **58**

C. Weitere Maßnahmen

I. Ermittlungsverfahren

Besteht der Verdacht einer Steuerstraftat (hier: Steuerhinterziehung, § 370 AO) ermittelt nicht die Staatsanwaltschaft, sondern die **Finanzbehörde** den Sachverhalt (§ 386 I 1 AO). Finanzbehörden sind nach § 386 I 2 AO insbesondere die Finanzämter. Sie können das Ermittlungsverfahren nach § 386 IV 1 AO allerdings jederzeit an die Staatsanwaltschaft abgeben, umgekehrt kann die Staatsanwaltschaft das Verfahren jederzeit an sich ziehen (§ 386 IV 2 AO). Solange dies nicht erfolgt, ist das FA Augsburg sachlich (§ 387 I AO) und örtlich (§ 388 I **59**

AO) zuständig und könnte somit das Ermittlungsverfahren wegen des Verdachts der Steuerhinterziehung einleiten.

II. Zinsen

60 Infolge der Änderung des Einkommensteuerbescheids von Arm entsteht eine Steuernachforderung. Daher könnte das FA zum Erlass eines **Zinsbescheids** (§ 239 AO) verpflichtet sein.

1. Verzinsung der Steuernachforderung

61 Ansprüche aus dem Steuerschuldverhältnis, insbesondere der Steueranspruch (§ 37 I AO) einschließlich sämtlicher Nachforderungen, sind gemäß **§ 233 S. 1 AO** zu verzinsen, soweit dies ausdrücklich gesetzlich vorgeschrieben ist. Ein allgemeiner Grundsatz, nach dem Geldleistungsansprüche stets zu verzinsen sind, besteht nicht.

62 Vorliegend ergibt sich eine **Zinspflicht** aus § 235 I 1 AO. Danach sind hinterzogene Steuern zu verzinsen. Bei der Erhebung von Hinterziehungszinsen handelt es sich nicht um eine Strafmaßnahme. Vielmehr soll der Zinsvorteil des Nutznießers einer Steuerhinterziehung abgeschöpft werden. Gleichwohl muss eine vollendete Steuerhinterziehung (§ 370 AO) vorliegen, d. h. der objektive und subjektive Tatbestand müssen rechtswidrig und schuldhaft verwirklicht worden sein. Eine nur versuchte Steuerhinterziehung genügt nicht. Eine strafgerichtliche Verurteilung ist für die Zinspflicht aber ebenso wenig erforderlich wie die Einleitung eines Ermittlungsverfahrens. Vielmehr kann das FA seine eigene Beurteilung zugrunde legen. Das FA Augsburg ist davon überzeugt, dass Arm die Einnahme bewusst nicht deklariert hat, also eine vollendete Steuerhinterziehung vorliegt.

63 **Zinsschuldner** ist derjenige, zu dessen Vorteil die Hinterziehung erfolgte, hier also der Steuerschuldner Arm.

64 Der **Zinslauf** beginnt nach § 235 II 1 AO mit Eintritt der Erlangung des Steuervorteils. Dies ist in der Regel der Zeitpunkt der Bekanntgabe des entsprechenden Steuerbescheids. Da Abschlusszahlungen erst einen Monat nach der Bekanntgabe des Steuerbescheids fällig werden (§ 36 IV 1 EStG i.V.m. § 220 I AO), beginnt der Zinslauf gemäß § 235 II Hs. 2 AO nicht vor Ablauf des Fälligkeitstags. Der Steuerbescheid vom 26.6.2018 wurde durch einfachen Brief bekannt gegeben. Damit gilt er am 29.6.2018 als bekannt gegeben (§ 122 II Nr. 1 AO). Fälligkeit war damit ab dem 30.7.2018 gegeben (§ 108 I AO i.V.m. §§ 187 I, 188 II BGB).

65 Eine Zahlung der hinterzogenen Steuern ist bislang nicht erfolgt, so dass der Zinslauf noch nicht gemäß § 235 III 1 AO geendet hat. Bei der Berechnung der Zinsen sind nur volle Monate zu berücksichtigen

(§ 238 I AO). Daher hat das FA Augsburg – Stand 20.12.2018 – Zinsen für vier Monate zu fordern.

Die **Zinshöhe** beträgt nach § 238 I 1 AO für jeden Kalendermonat 0,5 %. Daher ergibt sich eine Zinslast i.H.v. 2,0 % der hinterzogenen Steuer. Zinsen auf entstandene Zinsen werden nicht erhoben, § 233 S. 2 AO (sog. Zinseszinsverbot). **66**

2. Erlass eines Zinsbescheids

Der Zinsbescheid ist nach § 239 I 1 AO dem Steuerbescheid gleichgestellt. Für dessen Erlass gelten die §§ 155–217 AO entsprechend. **67**

Zur Vertiefung:

🕮 *Dillberger/Fest*, Einkommensteuer und Abgabenordnung, 3. Aufl. 2016, Rn. 65 ff., 97 ff., 363 ff., 445 ff., 529 ff., 613 ff., 674 ff.

Fall 2. Lohn der Angst

Sachverhalt

Teil 1:

Seit dem Ende seines Ingenieurstudiums im Jahr 2013 ist Martin bei der Sonens AG, einem weltweit tätigen Elektrokonzern, im Bereich Forschung angestellt. Während er in München in unmittelbarer Nähe seines Arbeitsplatzes wohnt (einfache Entfernung 2 km; Fußweg 15 Minuten), lebt und arbeitet seine Freundin in Weilheim (ca. 50 km südlich von München). Die beiden sehen sich nur an den Wochenenden. Als Vergütung bezieht Martin monatlich einen Bruttolohn i.H.v. 6.000 Euro, der jeweils am dritten Kalendertag des nachfolgenden Monats bezahlt wird.

Auf der Lohnsteuerbescheinigung seines Arbeitgebers für das Jahr 2017 befanden sich folgende Einträge: Lohnsteuer 24.356 Euro, Kirchensteuer 1.214 Euro, Solidaritätszuschlag 1.138 Euro, Arbeitnehmer- und Arbeitgeberanteil zur Sozialversicherung jeweils 9.839 Euro.

Neben der laufenden Vergütung erhält Martin jährlich zum 1.3. einhundert nicht handelbare Optionen zum Erwerb von Aktien seines Arbeitgebers, der Sonens AG. Die Optionen kann er jeweils in den Monaten August bis Oktober desselben Jahres ausüben. Da Martin sich noch nie für seine Vermögensangelegenheiten interessiert hat, ließ er die Optionen bislang ungenutzt. Als seine Freundin davon erfuhr, überredete sie ihn, zumindest einige Optionen auszuüben. Daher kaufte Martin am 1.10.2017 50 Aktien der Sonens AG zum Preis von je 75 Euro, während die Aktie an der Börse zu einem Preis von 85 Euro gehandelt wurde.

Im firmeneigenen „Für Sie-Laden“, der ausschließlich Mitarbeitern zur Verfügung steht, erwarb Martin Mitte Dezember 2016 einen Plasmafernseher der Sonens AG zum Preis von 3.200 Euro – der Listenpreis betrug 4.500 Euro – und zahlte bar 1.000 Euro an. Den Restbetrag bezahlte er absprachegemäß nach Lieferung des Geräts Mitte Januar 2017.

Wie die Mehrheit seiner Kollegen, ist auch Martin Gewerkschaftsmitglied. Der halbjährlich fällige Beitrag i.H.v. 400 Euro wird jährlich im Januar und Juli von seinem Konto eingezogen.

Anfang 2017 entschied sich Martin mit seiner Freundin zusammenzuziehen. Als Freund der Berge kaufte er daher am 1.3.2017 eine Immobilie in der Nähe von Weilheim. Die Wegstrecke zu seiner Arbeitsstätte (54 km) legte er fortan mit dem Auto zurück. Nach einiger Zeit stellte er jedoch fest, dass die „Pendelei" ihm kaum Freizeit lässt. Daher nahm er sich ab September 2017 ein kleines Zimmer (monatliche Warmmiete 400 Euro) in unmittelbarer Nähe seines Arbeitsplatzes und fuhr nur noch am Wochenende zu seiner Freundin „aufs Land". Da Martin ohnehin nicht gerne kocht, kommt er in seiner Einzimmerwohnung mit einem Kühlschrank und einer Mikrowelle aus. Auf eine eingerichtete Küche verzichtet er.

Teil 2:

Eine Steuererklärung hatte Martin weder in den vergangenen Jahren noch für den VZ 2016 abgegeben. Weder hatte das FA München ihn dazu aufgefordert noch war es an seinen steuerlichen Belangen interessiert. Nach seinem Umzug nach Weilheim übersandte ihm das zuständige FA im November 2017 entsprechende Vordrucke und forderte ihn auf, bis zum 31.12.2017 die Steuererklärung für den VZ 2016 einzureichen. Der Aufforderung kam Martin umgehend nach.

Gleichwohl setzte das FA am 2.2.2018 einen Verspätungszuschlag i.H.v. 1.000 Euro gegen ihn fest, den es mit der verspätet abgegebenen Steuererklärung für den VZ 2016 begründete. Mit dem nach der Steuerfestsetzung bestehenden Erstattungsanspruch i.H.v. 1.000 Euro erklärte das FA gleichzeitig die Aufrechnung.

Bearbeitervermerk:

Teil 1: In einem Gutachten, das auf alle aufgeworfenen Rechtsfragen eingeht, sind Martins steuerpflichtige Einkünfte im VZ 2017 zu ermitteln. Gehen Sie dabei davon aus, dass Martin jeden Monat zwanzig Tage arbeitete.

Teil 2: Was ist Martin zu raten?

Gliederung

Teil 1:

A. Persönliche Steuerpflicht
B. Gesamtbetrag der Einkünfte
  I. Qualifikation der Einkünfte
  II. Einnahmen
    1. Laufender Arbeitslohn
    2. Einnahmen in Geldeswert
      a) Aktienoptionen
      b) Plasma-TV
    3. Arbeitgeberanteil zur Sozialversicherung
    4. Zwischenergebnis
  III. Werbungskosten
    1. Lohnsteuer
    2. Kirchensteuer, Solidaritätszuschlag
    3. Arbeitnehmeranteil zur Sozialversicherung
    4. Gewerkschaftsbeitrag
    5. Fahrtkosten
      a) Werktorprinzip
      b) Entscheidung des BVerfG
      c) Rechtslage seit dem 1.1.2014
    6. Beruflich bedingte doppelte Haushaltsführung
      a) Doppelte Haushaltsführung
      b) Beruflicher Anlass
    7. Zwischenergebnis
C. Ergebnis

Teil 2:

A. Aufrechnungserklärung
B. Aufrechnungslage
  I. Gleichartigkeit
  II. Erfüllbarkeit der Passivforderung
  III. Fälligkeit der Aktivforderung
    1. Rechtmäßigkeit der Festsetzung
      a) Formelle Rechtmäßigkeit
      b) Materielle Rechtmäßigkeit
    2. Wirksamkeit
    3. Fälligkeit

Lösung

Teil 1:

A. Persönliche Steuerpflicht

Martin ist eine natürliche Person mit Wohnsitz (§ 8 AO) im Inland. **1**
Er ist nach § 1 I 1 EStG unbeschränkt einkommenssteuerpflichtig.

B. Gesamtbetrag der Einkünfte

Seine steuerpflichtigen Einkünfte sind nach Maßgabe des § 2 I, II **2**
EStG zu ermitteln. Dabei sind aufgrund der Natur der Einkommensteuer als Jahressteuer (§ 2 VII 1 EStG) nur die dem VZ 2017 (§ 25 I EStG) zuzuordnenden Vorgänge zu berücksichtigen.

I. Qualifikation der Einkünfte

Martin könnte Einkünfte aus nichtselbständiger Arbeit i.S.d. § 19 I 1 **3**
i.V.m. § 2 I 1 Nr. 4 EStG erzielt haben. Die Vorschrift des § 19 I EStG zählt nur beispielhaft auf, welche Einnahmen zu den Einkünften aus **nichtselbständiger Arbeit** gehören. Der Begriff der nichtselbständigen Arbeit wird jedoch nicht legaldefiniert, sondern vorausgesetzt. Maßgeblich dafür, ob eine Arbeitsleistung selbständig oder nichtselbständig erbracht wird, sind die vertragliche Vereinbarung und ihre tatsächliche Durchführung zwischen dem Arbeitgeber und dem Arbeitnehmer. Als Auslegungshilfe wird § 1 I 1 LStDV bemüht. Danach sind Arbeitnehmer i.S.d. Steuerrechts Personen, die in öffentlichem oder privatem Dienst angestellt oder beschäftigt sind und die aus diesem Dienstverhältnis Arbeitslohn beziehen. Ein solches Dienstverhältnis ist nach § 1 II 2 LStDV dadurch gekennzeichnet, dass die tätige Person in der Betätigung ihres geschäftlichen Willens unter der Leitung des Arbeitgebers steht oder im geschäftlichen Organismus des Arbeitgebers dessen Weisungen zu folgen verpflichtet ist.

4 Als Ingenieur übt Martin zwar einen **Katalogberuf** i.S.d. § 18 I Nr. 1 S. 2 EStG aus. Gleichwohl erzielt er keine Einkünfte aus selbstständiger Arbeit i.S.d. § 18 I Nr. 1 i.V.m. § 2 I 1 Nr. 3 EStG. Kraft seines Anstellungsvertrags ist er verpflichtet, den Weisungen des Arbeitgebers zu folgen (§§ 6 II, 106 GewO). Aufgrund der persönlichen Abhängigkeit trägt Martin weder Unternehmerinitiative noch Unternehmerrisiko (§ 15 II 1 EStG). Mit seiner Tätigkeit bei der Sonens AG erzielt Martin folglich Einkünfte aus nichtselbständiger Tätigkeit gemäß § 19 I 1 i.V.m. § 2 I Nr. 4 EStG. Zu ermitteln ist der Überschuss der Einnahmen (§ 8 EStG) über die Werbungskosten (§ 9 EStG), § 2 II 1 Nr. 2 EStG.

II. Einnahmen

1. Laufender Arbeitslohn

5 Steuerbarer Arbeitslohn i.S.v. § 19 I 1 Nr. 1 EStG und § 2 I 1 LStDV ist jedweder geldwerte Vorteil, der durch das individuelle Dienstverhältnis veranlasst ist. Eine solche **Veranlassung** liegt vor, wenn der Vorteil nur deshalb gewährt wird, weil der Zuwendungsempfänger Arbeitnehmer des Arbeitgebers ist und sich die Leistung des Arbeitnehmers im weitesten Sinne als Gegenleistung für das Zurverfügungstellen der individuellen Arbeitskraft des Arbeitnehmers erweist.

6 Für seine Tätigkeit erhält Martin ein monatliches Bruttogehalt i.H.v. 6.000 Euro. Dabei handelt es sich um laufenden Arbeitslohn, so dass die Zahlungen gemäß **§ 11 I 4 i.V.m. § 38a I 2 EStG** – unabhängig davon, wann sie tatsächlich erfolgen – in dem Kalenderjahr als bezogen gelten, in dem der Lohnzahlungszeitraum endet. Insofern ist es unschädlich, dass Martin die Vergütung für den Monat Dezember 2016 erst am 3.1.2017, also im nächsten Kalenderjahr und VZ, zugeflossen ist. Im VZ 2016 hat Martin somit einen Arbeitslohn i.H.v. 72.000 Euro (= 12 Monate x 6.000 Euro) erhalten.

+ 72.000 Euro

2. Einnahmen in Geldeswert

7 Zu den Einnahmen aus nichtselbständiger Arbeit gehören neben den Geldleistungen gemäß § 8 I EStG auch alle Güter, die in Geldeswert bestehen und dem Steuerpflichtigen mit Rücksicht auf sein Dienstverhältnis eingeräumt werden. Derart steuerbare Sachbezüge sind nach § 8 II bzw. III EStG zu bewerten.

a) Aktienoptionen

8 Durch die Ausgabe der Optionen auf den Erwerb von Aktien soll für die Arbeitnehmer ein Anreiz geschaffen werden, sich verstärkt für

das Unternehmen einzusetzen. Da die Aktienoptionen ausschließlich Arbeitnehmern der Sonens AG für die erbrachte Arbeitsleistung gewährt werden, handelt es sich um einen Vorteil, der durch das Dienstverhältnis veranlasst ist, mithin um eine **Einnahme** i.S.d. § 19 I Nr. 1 i.V.m. § 8 I EStG. Fraglich ist jedoch, zu welchem Zeitpunkt Martin der Vorteil zugeflossen ist und wie dieser zu bewerten ist.

aa) Zuflusszeitpunkt

Die Gewährung von Aktienoptionen ist kein laufender Arbeitslohn i.S.d. § 38a I 2 EStG. Sonstiger Arbeitslohn wird zu dem Zeitpunkt bezogen, in dem er dem Arbeitnehmer zufließt (§§ 11 I 1, 38a I 3 EStG). Das Innehaben eines Anspruchs auf eine Leistung begründet noch keinen gegenwärtigen Zufluss von Arbeitslohn. Dies gilt auch dann, wenn der Arbeitgeber mit seinen Leistungen dem Arbeitnehmer einen unmittelbaren und unentziehbaren Anspruch gegen einen Dritten einräumt. Der Vorteil ist dem Arbeitnehmer daher erst dann zugeflossen, wenn der Arbeitgeber die geschuldete Leistung tatsächlich erbringt. Diese Grundsätze gelten unabhängig davon, ob ein Anspruch auf Bar- oder Sachlohn einräumt wird. **9**

Mit der Begründung der Aktienoptionen wurde Martin die Möglichkeit eröffnet, in dem Ausübungszeitraum Aktien zu erwerben. Ist der Inhaber aber wie im vorliegenden Fall infolge der Unübertragbarkeit und sonstiger Verwertungshindernisse nicht in der Lage, den Wert der Optionen selbständig durch Veräußerung derselben zu realisieren, sind sie für ihn ohne jeden Nutzen. Der für den Zufluss von Arbeitslohn maßgebliche Vorteil besteht somit nicht bereits in der Einräumung der nicht handelbaren Optionsrechte, sondern erst in dem preisgünstigen Erwerb der Aktien nach **Ausübung der Optionen**. Folglich ist Martin nicht bereits durch die Einräumung der Optionsrechte im März 2017 objektiv bereichert. **10**

Am 1.10.2017 übte Martin einige Optionen aus; im Übrigen ließ er seine Optionsrechte verfallen. Für sich betrachtet bewirkt die Ausübung der Optionsrechte keine objektive Bereicherung des Arbeitnehmers; sie ist vielmehr notwendiger Zwischenschritt für die Annahme einer Einnahme. Eine **objektive Bereicherung** des Arbeitnehmers entsteht erst, sobald die Aktien infolge der Ausübung der Optionsrechte in sein Aktiendepot eingebucht werden. Erst zu diesem Zeitpunkt ist Martin der Arbeitslohn gemäß § 11 I 1 EStG zugeflossen. **11**

bb) Bewertung

Als geldwerte Leistung ist der Vorteil nach § 8 II 1 EStG zu bewerten. Mit der Ausübung der Option erwirbt der Arbeitnehmer eine Aktie, für die er nicht den aktuellen Kurs, sondern nur den vereinbar- **12** ten Übernahmepreis bezahlt. Demnach besteht der geldwerte Vorteil ausgeübter Aktienoptionen in der **Differenz** zwischen dem vereinbarten Übernahmepreis (75 Euro) und dem Kurswert im Zeitpunkt der Ausübung (85 Euro). Somit hat Martin infolge der Ausübung der Aktienoptionen Arbeitslohn i.H.v. 500 Euro (= 50 Aktien x 10 Euro) erzielt.

+ 500 Euro

b) Plasma-TV

13 Bei dem TV Gerät, das Martin in dem firmeneigenen „Für Sie-Laden" erworben hat, könnte es sich um einen nach § 8 III EStG zu bewertenden Sachlohn handeln. Dies setzt jedoch, wie die Formulierung des § 8 III 1 EStG mit den Worten „auf Grund seines Dienstverhältnisses" klarstellen soll, voraus, dass es sich bei der Zuwendung des Arbeitgebers um **steuerpflichtigen Arbeitslohn** handelt. Zwar ist das Gerät Martin nicht unmittelbar von seinem Arbeitgeber zugewandt worden; vielmehr hat er selbst die Kaufentscheidung getroffen. Dabei hat er jedoch das vergünstigte Angebot des firmeneigenen Geschäfts in Anspruch genommen, das ausschließlich Mitarbeitern der Sonens AG offen steht. Folglich ist jedenfalls der gewährte Preisnachlass durch sein Arbeitsverhältnis veranlasst, mithin als Arbeitslohn i.S.d. § 19 I 1 Nr. 1 EStG anzusehen.

aa) Bewertung

14 Die Bewertung von Sachbezügen erfolgt grundsätzlich nach § 8 II EStG. Die für den Arbeitnehmer günstigere Regelung des § 8 III EStG bei sog. **Arbeitnehmerrabatten** ist auf Sachverhalte beschränkt, in denen der Arbeitgeber die Ware nicht überwiegend für seine Arbeitnehmer herstellt oder vertreibt und deren Bezug nicht nach § 40 EStG pauschal versteuert. Die TV-Geräte werden ganz überwiegend für den allgemeinen Markt hergestellt; nur eine geringe Zahl wird an Mitarbeiter veräußert. Da auch eine Pauschalierung der Lohnsteuer nach § 40 EStG nicht stattfindet, ist der Wert der Einnahme mit dem um 4 % geminderten Endverbraucherpreis anzusetzen (**§ 8 III 1 EStG**). Daraus ergibt sich folgende Bewertung:

Listenpreis (4.500 Euro)	
./. 4 % (= 180 Euro)	4.320 Euro
Abgabepreis an eigene Arbeitnehmer	./. 3.200 Euro
geldwerter Vorteil	1.120 Euro

bb) Zuflusszeitpunkt

15 Zwar leistete Martin bereits im Dezember 2016 eine Anzahlung i.H.v. 1.000 Euro. Aufgrund des Charakters als Sachleistung floss der geldwerte Vorteil dem Steuerpflichtigen aber erst zu, sobald er die

wirtschaftliche Verfügungsmacht über die Ware erlangt (§ 11 I 1 EStG). Folglich hat Martin den geldwerten Vorteil erst mit der Lieferung im Januar 2017 erlangt; er ist nur im VZ 2017 zu berücksichtigen.

cc) Steuerfreibetrag

Nach § 8 III 2 EStG bleiben die sich nach Abzug der vom Arbeitnehmer gezahlten Entgelte ergebenden Vorteile steuerfrei, soweit sie einen Betrag von 1.080 Euro im Kalenderjahr nicht übersteigen. Martins steuerbarer Vorteil beträgt 1.120 Euro (s. o.). Wie sich aus dem Wortlaut des § 8 III 2 EStG („soweit") ergibt, ist der Betrag bis 1.080 Euro steuerfrei. Nur der den Freibetrag überschreitende Anteil von 40 Euro (= 1.120 Euro ./. 1.080 Euro) ist steuerpflichtig. **16**

+ 40 Euro

3. Arbeitgeberanteil zur Sozialversicherung

Die Leistungen, die der Arbeitgeber für die Zukunftssicherung seiner Arbeitnehmer erbringt (§ 23 I SGB I i.V.m. § 168 I Nr. 1 SGB VI), sind durch das Dienstverhältnis veranlasst. Die Leistungen erfolgen jedoch nicht direkt an den Arbeitnehmer, sondern an den Versicherungsträger (§ 173 S. 1 SGB VI). In diesen Fällen hängt die Arbeitslohnqualität davon ab, ob sich der Vorgang – wirtschaftlich betrachtet – so darstellt, als ob der Arbeitgeber dem Arbeitnehmer Mittel zur Verfügung gestellt und der Arbeitnehmer sie zum Zweck seiner Zukunftssicherung verwendet hat. Davon ist auszugehen, wenn dem Arbeitnehmer gegen die Versorgungseinrichtung, an die der Arbeitgeber die Beiträge geleistet hat, ein unmittelbarer und unentziehbarer Rechtsanspruch auf die Leistung zusteht. Erlangt der Arbeitnehmer einen eigenen Rechtsanspruch gegen den Versicherer, fließt im Zeitpunkt der Beitragszahlung des Arbeitgebers Arbeitslohn zu. Der Lohnzufluss besteht dabei in Höhe der gegenwärtigen Beiträge des Arbeitgebers, mit denen dieser den Versicherungsschutz des Arbeitnehmers finanziert. Die Beitragsleistungen seines Arbeitgebers sind daher steuerbare Einnahmen i.S.d. § 19 I 1 Nr. 1 i.V.m. § 8 I EStG. Sie sind jedoch nach **§ 3 Nr. 62 EStG** steuerfrei. **17**

4. Zwischenergebnis

Im VZ 2017 betragen Martins Einnahmen aus nichtselbständiger Arbeit insgesamt 72.540 Euro (= 72.000 Euro + 500 Euro + 40 Euro). **18**

III. Werbungskosten

Um die Einkünfte zu ermitteln, sind von den Einnahmen (§ 8 EStG) die Werbungskosten (§ 9 EStG) abzuziehen (§ 2 II 1 Nr. 2 EStG). **19**

Werbungskosten sind Aufwendungen zur Erwerbung, Sicherung und Erhaltung der Einnahmen (§ 9 I 1 EStG). Trotz der finalen Formulierung („zur"), genügt aufgrund der **verfassungsrechtlich gebotenen Gleichbehandlung** (Art. 3 I GG) mit den Betriebsausgaben (§ 4 IV EStG) eine berufliche Veranlassung. Diese ist gegeben, wenn die Aufwendungen objektiv mit dem Beruf zusammenhängen und subjektiv zu dessen Förderung erbracht werden.

20 Kann Martin keine oder nicht höhere Werbungskosten nachweisen, wäre bei der Ermittlung der Einkünfte aus nichtselbständiger Arbeit ein sog. **Arbeitnehmer-Pauschbetrag** i.H.v. 1.000 Euro von Amts wegen anzusetzen (§ 9a S. 1 Nr. 1 lit. a EStG).

1. Lohnsteuer

21 Bei Einkünften aus nichtselbständiger Arbeit wird die Einkommensteuer durch einen Quellenabzug vom Arbeitslohn erhoben (§ 38 I 1 EStG). Diese sog. Lohnsteuer ist keine eigene Steuer. Materiell-rechtlich handelt es sich um Vorauszahlungen auf die Jahreseinkommensteuer, die lediglich in einem spezifischen Verfahren erhoben werden. Sie wird daher nach **§ 36 II Nr. 2 EStG** auf die im Einkommensteuerbescheid festgesetzte (§ 155 I 1 AO) Einkommensteuer angerechnet. Der Unterschiedsbetrag ist vom Steuerpflichtigen nachzuzahlen (§ 36 IV 1 EStG) bzw. vom FA zu erstatten (§ 36 IV 2 EStG).

2. Kirchensteuer, Solidaritätszuschlag

22 Die Kirchensteuer ist eine eigenständige Steuer vom Einkommen und daher nach **§ 12 Nr. 3 EStG** nicht auf Ebene der Einkünfteermittlung abzugsfähig. Der Solidaritätszuschlag ist eine sog. Jahresergänzungsabgabe, die an die Veranlagung zur Einkommensteuer anknüpft. Auch insoweit gilt § 12 Nr. 3 EStG. Weder die gezahlte Kirchensteuer noch der Solidaritätszuschlag dürfen als Werbungskosten abgesetzt werden.

3. Arbeitnehmeranteil zur Sozialversicherung

23 Martin ist kraft seines Dienstverhältnisses sozialversicherungspflichtig (§ 1 Nr. 1 SGB VI). Der von ihm geleistete Anteil zu den Sozialversicherungen wird damit zwar durch seine nichtselbständige Arbeit begründet. Da der Aufwand aber der privaten Absicherung des Steuerpflichtigen gegen Krankheit, Arbeitslosigkeit und Alter dient, darf er gemäß § 12 Nr. 1 S. 1 EStG nicht als Werbungskosten von den Einnahmen aus nichtselbständiger Arbeit abgesetzt werden.

4. Gewerkschaftsbeitrag

24 Zweifelhaft erscheint, ob die Beiträge als Gewerkschaftsmitglied i.H.v. 800 Euro (= 2 x 400 Euro) durch die nichtselbständige berufliche

Tätigkeit veranlasst sind und daher als Werbungskosten abgezogen werden können. Dafür spricht, dass die Rechtsnormen eines Tarifvertrags, die den Inhalt, den Abschluss oder die Beendigung von Arbeitsverhältnissen ordnen, unmittelbar und zwingend nur für die beiderseits Tarifgebundenen gelten (§ 4 I 1 TVG). Allerdings ist eine Tarifbindung seitens der Arbeitnehmer nicht erforderlich, wenn der Tarifvertrag nach § 5 TVG für allgemeinverbindlich erklärt wird. Letztlich kann die Veranlassung im Einzelfall jedoch dahinstehen, da der Gesetzgeber den Werbungskostenabzug nach **§ 9 I 3 Nr. 3 EStG** zulässt und damit typisierend die regelmäßige berufliche Veranlassung voraussetzt.

./. 800 Euro

5. Fahrtkosten

Fraglich ist, in welchem Umfang Martin Werbungskosten für seine Aufwendungen für die Wege zum Arbeitsplatz ansetzen kann. Bis Ende Februar 2017 hatte er eine Wegstrecke von zwei Kilometern, die er zu Fuß zurücklegte. In der Zeit von März bis August 2017 fuhr er jeweils 54 km von Weilheim nach München mit seinem Auto. Seit September 2017 wohnt Martin von montags bis freitags in unmittelbarer Nähe seines Arbeitsplatzes. **25**

a) Werktorprinzip

Unter Geltung von § 9 II 1 EStG in der Fassung vom 1.1.2007 waren die Aufwendungen eines Arbeitnehmers für die Wege zwischen Wohnung und Arbeitsstätte keine Werbungskosten, sondern privater Aufwand. Der Regelung lag der Gedanke zugrunde, dass jeder Arbeitnehmer privat entscheiden könne, wo er wohne, mit der Folge, dass seine Fahrten bis zum Werktor privat veranlasst seien. Lediglich zur Abmilderung von Härten und zur Abgeltung überhöhter Aufwendungen war in § 9 II 2 EStG in der Fassung vom 1.1.2007 vorgesehen, dass der Steuerpflichtige ab dem 21. Entfernungskilometer pro Arbeitstag 0,30 Euro je km wie Werbungskosten ansetzen darf. **26**

b) Entscheidung des BVerfG

Diese Regelung erklärte das BVerfG für verfassungswidrig. Zwar seien die Fahrten zwischen Wohnung und regelmäßiger Arbeitsstätte grundsätzlich notwendige Bedingung der beruflichen Betätigung. Da die Höhe der Aufwendungen aber in erheblichem Maße auch durch die individuelle Wahl des Wohnortes des Steuerpflichtigen beeinflusst sei, sei es verfassungsrechtlich unbedenklich, dass der Gesetzgeber davon ausgehe, die Aufwendungen seien nicht ausschließlich beruflich, sondern auch privat veranlasst. Allerdings sei dieses Prinzip im EStG **27** nicht folgerichtig umgesetzt, so dass ein Verstoß gegen **Art. 3 I GG** vorläge.

c) Rechtslage seit dem 1.1.2014

28 Im Anschluss an die Entscheidung des BVerfG stellte der Gesetzgeber rückwirkend ab dem VZ 2009 die bis zum 31.12.2006 geltende Gesetzeslage wieder her. Mit Wirkung vom 1.1.2014 wurde das steuerliche Reisekostenrecht in seiner Gesamtheit überarbeitet und vereinfacht. Seither sind die Aufwendungen der Arbeitnehmer für die Wege zwischen Wohnung und erster Tätigkeitsstätte Werbungskosten (§ 9 I 3 Nr. 4 S. 1 EStG). Erste Tätigkeitsstätte ist nach § 9 IV 1 EStG die ortsfeste betriebliche Einrichtung des Arbeitgebers, der der Arbeitnehmer dauerhaft zugeordnet ist. Zur **pauschalen Abgeltung** dieser Aufwendungen ist nach § 9 I 3 Nr. 4 S. 2 EStG für jeden Arbeitstag, an dem der Arbeitnehmer die erste Tätigkeitsstätte aufsucht, eine Entfernungspauschale für jeden vollen km der Entfernung zwischen Wohnung und erster Tätigkeitsstätte von 0,30 Euro anzusetzen.

29 In den Monaten Januar und Februar 2017 betrug die Entfernung zwischen Wohnung und erster Tätigkeitsstätte nur zwei km. Diesen Weg ging Martin jedoch stets zu Fuß. Fraglich ist daher, ob er auch dann 0,30 Euro als Entfernungspauschale ansetzen kann, wenn ihm tatsächlich keine Aufwendungen entstanden sind. Nach dem Wortlaut des § 9 I 3 Nr. 4 S. 2 EStG erfolgt der pauschale Ansatz zur Abgeltung der Aufwendungen. Dies hätte gemäß dem sog. **Belastungsprinzip** zur Folge, dass ein Ansatz ausgeschlossen wäre, wenn tatsächlich keine Aufwendungen entstanden sind. Allerdings verfolgt der Gesetzgeber mit § 9 I 3 Nr. 4 S. 2 EStG auch den Lenkungszweck, die Bürger zu umweltbewusstem Verhalten zu animieren. Daher ist es vorzugswürdig, die Pauschale auch dann zu gewähren, wenn keine Aufwendungen entstanden sind. Wer also die erste Tätigkeitsstätte statt mit dem Auto oder öffentlichen Verkehrsmitteln mit dem Fahrrad oder zu Fuß aufsucht, soll durch dieses – vom Gesetzgeber bezweckte Verhalten – nicht benachteiligt werden. Bei 20 Arbeitstagen im Kalendermonat sind folglich 24 Euro (= 20 Tage x 2 Monate x 2 km x 0,30 Euro) als Werbungskosten anzusetzen.

30 Infolge des Umzugs betrug Martins tägliche Wegstrecke in den Monaten März bis August 2017 jeweils 54 km. Für diese Zeit sind Werbungskosten i.H.v. 1.944 Euro (= 6 Monate x 20 Arbeitstage x 54 km x 0,30 Euro) anzusetzen. Die Tatsache, dass der Umzug privat veranlasst war, ist für den Ansatz der Entfernungspauschale ohne Bedeutung. Durch die Entfernungspauschale i.H.v. insgesamt 1.968 Euro (= 24 Euro + 1.944 Euro) sind alle Aufwendungen abgegolten, die durch die Wege zwischen Wohnung und erster Tätigkeitsstätte veranlasst sind

(§ 9 II 1 EStG). Ab September wohnte Martin in unmittelbarer Nähe seines Arbeitsplatzes, weshalb er in den Monaten September bis Dezember keine nennenswerte Wegstrecke zurücklegte.

./. 1.968 Euro

6. Beruflich bedingte doppelte Haushaltsführung

Weiterhin könnten die Aufwendungen für die ab September 2017 bezogene Zweit-Wohnung in München als Werbungskosten anzusetzen sein. Notwendige Mehraufwendungen, die einem Arbeitnehmer wegen einer aus beruflichem Anlass begründeten doppelten Haushaltsführung entstehen, sind gemäß **§ 9 I 3 Nr. 5 EStG** abzugsfähig. **31**

a) Doppelte Haushaltsführung

Eine doppelte Haushaltsführung liegt nach § 9 I 3 Nr. 5 S. 2 EStG vor, wenn der Arbeitnehmer außerhalb des Ortes, in dem er einen eigenen Hausstand unterhält, beschäftigt ist und auch am Beschäftigungsort wohnt. Voraussetzung der Abzugsfähigkeit der Ausgaben einer doppelten Haushaltsführung ist folglich die beruflich bedingte Aufspaltung der normalerweise einheitlichen Haushaltsführung auf zwei Haushalte an verschiedenen Orten. **32**

Seit März 2017 wohnt Martin mit seiner Freundin in der Nähe von Weilheim; er hat dort seinen Lebensmittelpunkt. Der Ort seiner ersten Tätigkeitsstätte ist München. Fraglich ist, ob Martin auch in München wohnt, dort also einen eigenen Hausstand unterhält (§ 9 I 3 Nr. 5 S. 3 EStG). Ein **eigener Hausstand** erfordert, dass er vom Steuerpflichtigen aus eigenem oder abgeleitetem Recht genutzt wird. Martin ist selbst Mieter der Wohnung in München, so dass ihm der Hausstand als eigener zuzurechnen und sein Verbleib in der Wohnung sichergestellt ist. Das Unterhalten eines eigenen Hausstands erfordert, dass die Einrichtung seinen Lebensbedürfnissen entspricht und in der Wohnung hauswirtschaftliches Leben herrscht. Da die auf die Auswärtstätigkeit zurückzuführenden, beruflich veranlassten Mehraufwendungen ungeachtet dessen anfallen, wie hoch der Grundaufwand des Arbeitnehmers für seine Lebensführung am Haupthausstand tatsächlich ist, sind die am Beschäftigungsort zusätzlich entstehenden notwendigen Aufwendungen auch dann Werbungskosten, wenn die Wohnverhältnisse vergleichsweise einfach oder beengt sind. Folglich steht es dem Werbungskostenansatz nicht entgegen, dass Martins Wohnung in München über keine eigene Küche verfügt. **33**

b) Beruflicher Anlass

Die doppelte Haushaltsführung muss gemäß § 9 I 3 Nr. 5 EStG aus einem beruflichen Anlass entstanden sein. Da Martin seinen Haupt- **34** wohnsitz aus privaten Gründen vom Arbeitsort wegverlegt hat, um dort mit seiner Freundin etwas ruhiger und ländlicher wohnen zu können, liegt eine private (Mit-)Veranlassung (§ 12 Nr. 1 S. 1 EStG), die die steuerliche Absetzbarkeit der Mehraufwendungen ausschließen würde, nahe. Maßgeblich ist jedoch allein, dass die Wohnung am Beschäftigungsort (München) dazu genutzt wird, um den Arbeitsplatz schneller erreichen zu können, da sich der Lebensmittelpunkt in der weiter entfernten Hauptwohnung (Weilheim) befindet. Folglich kann Martin seine Mehraufwendungen für die Münchener Wohnung als Werbungskosten in Abzug bringen (= 400 Euro x 4 Monate). Die Höchstgrenze von 1.000 Euro im Monat ist nicht überschritten (§ 9 I 3 Nr. 5 S. 4 EStG).

./. 1.600 Euro

35 Weiterhin kann er für die ersten drei Monate **Verpflegungsmehraufwendungen** nach § 9 IVa 1, 2 i.V.m. S. 6 EStG geltend machen. Auf Grundlage einer Arbeitswoche von fünf Tagen (Mo. bis Fr.) ist für drei Tage (Di. bis Do.) jeweils der pauschalierte Höchstbetrag i.H.v. 24 Euro (vgl. § 9 IVa 3 Nr. 1 EStG), für zwei Tage (Mo., Fr.) jeweils ein Betrag von 12 Euro (§ 9 IVa 3 Nr. 2 EStG) anzusetzen. Die Verpflegungsmehraufwendungen betragen somit 864 Euro (= 24 Euro x 12 Tage x 3 Monate), 288 Euro (= 12 Euro x 8 Tage x 3 Monate) und in der Summe:

./. 1.152 Euro

36 Zu den Mehraufwendungen, die durch eine doppelte Haushaltsführung veranlasst sind, gehören auch die Kosten für die **Familienheimfahrten**. Deren steuerliche Abzugsfähigkeit ist jedoch durch § 9 I 3 Nr. 5 S. 5 EStG auf eine Fahrt pro Woche begrenzt. Zur Abgeltung der Aufwendungen gelten die Grundsätze der Entfernungspauschale entsprechend (§ 9 I 3 Nr. 5 S. 6, 7 EStG). Daraus errechnen sich für die Zeit ab September 2017 Werbungskosten i.H.v. 259,20 Euro (= 4 Fahrten x 4 Monate x 54 km x 0,30 Euro).

./. 259,20 Euro

7. Zwischenergebnis

37 Martin kann Werbungskosten i.H.v. 5.779,20 Euro (= 800 Euro + 1.968 Euro + 1.600 Euro + 1.152 Euro + 259,20 Euro) nachweisen. Diese übersteigen den Pauschbetrag des § 9a S. 1 Nr. 1 lit. a EStG (1.000 Euro) und sind folglich bei der Einkünfteermittlung anzusetzen.

C. Ergebnis

38 In dem VZ 2017 hat Martin Einnahmen aus nichtselbständiger Tätigkeit i.H.v. 72.540 Euro erzielt. Seine abzugsfähigen Werbungskos-

ten belaufen sich auf 5.779,20 Euro, so dass seine Einkünfte aus nichtselbständiger Arbeit (§ 2 I 1 Nr. 4 EStG) 66.760,80 Euro betragen.

Teil 2:

Das Martin zu empfehlende Vorgehen richtet sich nach der Rechtmäßigkeit der finanzbehördlichen Maßnahmen. Dabei gilt es insbesondere zwischen der Festsetzung des Verspätungszuschlags und der Aufrechnung zu unterscheiden. **39**

Nach **§ 226 I AO** richtet sich die Aufrechnung in Steuerangelegenheiten nach den Vorschriften des bürgerlichen Rechts (§§ 387 ff. BGB). Folglich erlöschen Ansprüche aus dem Steuerschuldverhältnis gemäß § 389 BGB i.V.m. §§ 47, 226 I AO, wenn und soweit die Aufrechnung wirksam erklärt wurde und eine Aufrechnungslage bestand. **40**

A. Aufrechnungserklärung

Der Einkommensteuerbescheid für den VZ 2016 enthielt eine Aufrechnungserklärung der Finanzbehörde. Fraglich ist, ob die behördliche Aufrechnungserklärung eine **öffentlich-rechtliche Willenserklärung** oder ein VA i.S.d § 118 S. 1 AO ist. Nach § 226 I AO gelten für die Aufrechnung mit Ansprüchen aus dem Steuerschuldverhältnis die Vorschriften des bürgerlichen Rechts (§§ 387 ff. BGB) sinngemäß. Die Verweisung stellt klar, dass die Aufrechnung durch die Finanzbehörde hinsichtlich der Voraussetzungen und Rechtsfolgen denselben Regelungen unterliegt wie die Aufrechnung durch den Steuerpflichtigen. Selbst wenn die Aufrechnungserklärung – den Charakter als VA unterstellt – mangels Anfechtung in Bestandskraft erwüchse, stünde damit für die Beteiligten nicht verbindlich fest, dass die Aufrechnungswirkung (Erlöschen der gegenseitigen Ansprüche) eingetreten ist, da der Eintritt ausschließlich von den materiellen Voraussetzungen der §§ 387 ff. BGB abhängig ist. Das zeigt, dass der behördlichen Aufrechnungserklärung nicht der einem VA eigentümliche Regelungsgehalt innewohnt, sie also kein VA i.S.d. § 118 S. 1 AO ist. Die Aufrechnungserklärung der Finanzbehörde ist somit eine (öffentlich-rechtliche) Willenserklärung. Als Teil des Erhebungsverfahrens wird sie nicht im Tenor des Steuerbescheids, sondern in den Erläuterungen erklärt. Mit dem Zugang des Steuerbescheids ist die Aufrechnungserklärung entsprechend § 130 BGB i.V.m. § 226 I AO wirksam geworden. **41**

B. Aufrechnungslage

42 Eine Aufrechnungslage besteht gemäß § 387 BGB i.V.m. § 226 I AO unter vier Voraussetzungen. Die Forderungen müssen gleichartig, die Passivforderung erfüllbar, die Aktivforderung fällig sein und sich gegenüberstehen (sog. Gegenseitigkeit).

I. Gleichartigkeit

43 Der Erstattungsanspruch und der Anspruch auf Zahlung des Verspätungszuschlags sind Geldleistungsansprüche. Sie sind gleichartig.

II. Erfüllbarkeit der Passivforderung

44 Nach § 387 BGB i.V.m. § 226 I AO muss die dem FA obliegende Leistung (sog. Passivforderung) erfüllbar sein. Die Fälligkeit ist – im Unterschied zu der sog. Aktivforderung – nicht erforderlich. Die Erfüllbarkeit setzt insbesondere voraus, dass Martins Steuererstattungsanspruch für den VZ 2016 bereits entstanden ist. Der Erstattungsanspruch ist ein Anspruch aus dem Steuerschuldverhältnis (§ 37 I, II AO). Er entsteht gemäß § 38 AO mit der Verwirklichung des Tatbestands des § 37 II AO. Danach hat derjenige, auf dessen Rechnung eine Steuer ohne rechtlichen Grund gezahlt worden ist, einen Anspruch auf Erstattung des gezahlten Betrags. Die vom Arbeitgeber einbehaltene und in Martins Namen an das FA abgeführte „Lohnsteuer" (§§ 38 III 1, 41a I 1 Nr. 2 EStG) wird nach § 36 II Nr. 2 EStG auf die Einkommensteuer angerechnet. Materiell-rechtlich handelt es sich also um eine Einkommensteuervorauszahlung, die lediglich in einem besonderen Verfahren bewirkt wird. Unter ausschließlicher Berücksichtigung des materiellen Steuerrechts entsteht der Erstattungsanspruch mit dem Ablauf des VZ (§ 36 I EStG), also am 31.12.2016 (sog. **materielle Rechtsgrundtheorie**).

45 Zu diesem Zeitpunkt ist die Höhe des Steuer- bzw. Steuererstattungsanspruchs aber sowohl den Finanzbehörden als auch dem Steuerpflichtigen noch unbekannt. Dies ändert sich erst mit der Festsetzung (§ 155 I AO). Daher soll der Erstattungsanspruch nach der sog. **formellen Rechtsgrundtheorie** erst mit der Feststellung durch das FA in dem Steuerbescheid entstehen. Zur Begründung wird ergänzend auf § 218 I 1, II 2 AO verwiesen, der wiederum auf § 37 II AO und den Erstattungsanspruch verweist. Dieser Folgerung steht allerdings entgegen, dass § 218 AO lediglich die Grundlage für die „Verwirklichung" des Steueranspruchs, also nur das Erhebungsverfahren betrifft. Zu der Entstehung des Erstattungsanspruchs enthält die Vorschrift keine

Aussage. Folglich ist die materiell-rechtlich zu beurteilende Entstehung des Anspruchs auch bei der Aufrechnung von der nur deklaratorischen Festsetzung zu unterscheiden. Letztere dient insbesondere der Rechtssicherheit und ist für die Fälligkeit von Bedeutung (§ 220 I AO i.V.m. § 36 IV EStG). Da die Aufrechnung jedoch nur die Erfüllbarkeit der Passivforderung, nicht aber deren Fälligkeit voraussetzt, war die Passivforderung mit dem Ablauf des VZ 2016 am 31.12.2016 erfüllbar.

III. Fälligkeit der Aktivforderung

Des Weiteren müsste die Aktivforderung fällig sein. Als Aktivfor- **46**
derung wird die Forderung bezeichnet, die der Aufrechnende anstelle von Geld benutzt, um sich von der ihm obliegenden Verbindlichkeit (sog. Passivforderung) zu befreien. Dies ist der vom FA für die verspätete Abgabe der Steuererklärung für den VZ 2016 festgesetzte Verspätungszuschlag. Als **steuerliche Nebenleistung** (§ 3 IV Nr. 2 AO) ist der Verspätungszuschlag ein Anspruch aus dem Steuerschuldverhältnis (§ 37 I AO). Er wird vom FA mittels eines Steuerverwaltungsakts i.S.d. § 118 S. 1 AO festgesetzt (§ 152 III AO). Fraglich ist, ob die Festsetzung rechtmäßig und wirksam erfolgt ist und seit wann der Anspruch fällig ist.

1. Rechtmäßigkeit der Festsetzung

a) Formelle Rechtmäßigkeit

Die Festsetzung des Verspätungszuschlags erfolgt duch VA. Dieser **47**
ist formell rechtmäßig, wenn die Vorschriften über die Zuständigkeit, das Verfahren und die Form beachtet werden.

Örtlich zuständig für die Veranlagung der Einkommensteuer ist **48**
nach § 19 I 1 AO grundsätzlich das sog. Wohnsitzfinanzamt. Im Laufe des VZ 2016 hat Martin seinen Wohnsitz (§ 8 AO) von München nach Weilheim verlegt. Der damit einhergehende Zuständigkeitswechsel trat mit Kenntnis eines der beiden Finanzämter ein (§ 26 S. 1 AO).

Der Festsetzung des Verspätungszuschlags ist ein belastender VA. **49**
Die vor dem Erlass gebotene **Anhörung** (§ 91 I 1 AO) ist unterblieben. Sie kann aber gemäß § 126 I Nr. 3, II AO bis zum Abschluss der Tatsacheninstanz eines finanzgerichtlichen Verfahrens nachgeholt und der Verfahrensfehler dadurch geheilt werden.

b) Materielle Rechtmäßigkeit

Im Unterschied zu einem Säumniszuschlag (§ 240 AO), der die ver- **50**
spätete Zahlung einer bereits durch Steuerbescheid (§ 155 I AO) festgesetzten Steuer sanktioniert, dient der Verspätungszuschlag der recht-

zeitigen Festsetzung der Steuer. Er kann gemäß § 152 I 1 AO gegen denjenigen, der seiner Verpflichtung zur Abgabe einer Steuererklärung nicht oder nicht fristgemäß nachkommt, festgesetzt werden. Mit dem Verspätungszuschlag wird ein Fehlverhalten des Steuerpflichtigen betreffend den VZ 2016 sanktioniert. Für diesen VZ war die Einkommensteuererklärung gemäß § 149 II 1 EStG in der bis zum 31.12.2016 geltenden Fassung (Art. 97 § 10a IV 1 EGAO) bis spätestens zum 31.5.2017 einzureichen. Daher war gemäß Art. 97 § 8 IV 1 EGAO noch nicht die seit dem 1.1.2017 geltende Fassung des § 152 AO anzuwenden.

51 Fraglich ist, ob und auf welcher rechtlichen Grundlage Martin verpflichtet war, für den VZ 2016 eine Einkommensteuererklärung abzugeben. Gemäß **§ 149 I 1 AO** bestimmen die (materiellen) Steuergesetze, wer zur Abgabe einer Steuererklärung verpflichtet ist. Nach § 25 III 1 EStG hat die steuerpflichtige Person für den abgelaufenen VZ eine Einkommensteuererklärung abzugeben. Dieser Grundsatz wird durch § 56 EStDV modifiziert. Martin wohnt in Weilheim und ist daher gemäß § 1 I EStG unbeschränkt steuerpflichtig. Da er unverheiratet ist, wird er einzeln veranlagt. Folglich ist Martin nur unter den Voraussetzungen des § 56 S. 1 Nr. 2 EStDV zur Abgabe einer Einkommensteuererklärung verpflichtet.

52 In München erzielt Martin Einkünfte aus nichtselbständiger Arbeit (§ 2 I 1 Nr. 4 i.V.m. § 19 EStG). Von diesen wird ein Lohnsteuerabzug in der Weise vorgenommen, dass der Arbeitgeber die Lohnsteuer für Rechnung des Arbeitnehmers bei jeder Lohnzahlung vom Arbeitslohn einbehält (§ 38 III 1 EStG) und an das sog. Betriebsstättenfinanzamt abführt (§ 41a I 1 Nr. 2 EStG). Folglich scheidet eine Verpflichtung zur Abgabe einer Einkommensteuererklärung nach **§ 56 S. 1 Nr. 2 lit. a EStDV** aus.

53 Martin wäre jedoch nach **§ 56 S. 1 Nr. 2 lit. b EStDV** zur Abgabe einer Einkommensteuererklärung verpflichtet, lägen die Voraussetzungen einer sog. Pflichtveranlagung nach § 46 II Nrn. 1–6 oder Nr. 7b EStG vor. Im VZ 2016 erzielte Martin ausschließlich Einkünfte aus nichtselbständiger Arbeit. Somit liegt kein Fall der sog. Pflichtveranlagung vor. Martin war nicht gemäß § 149 I 1 AO i.V.m. §§ 25 III EStG, 56 EStDV zur Abgabe einer Einkommensteuererklärung verpflichtet.

54 Im November 2017 hat das FA Weilheim Martin aufgefordert, bis zum 31.12.2017 eine Einkommensteuererklärung für den VZ 2016 abzugeben. Die auf **§ 149 I 2 AO** gestützte Aufforderung ist ein VA i.S.d. § 118 S. 1 AO. Dieser begründet ab seiner Wirksamkeit (§ 124 I 1 i.V.m. § 122 I 1 AO) die Rechtspflicht zur Abgabe der Einkommensteuererklärung. Martin gab seine Einkommensteuererklärung für den VZ 2016 noch im Dezember 2017 ab. Folglich kam er

seiner Verpflichtung fristgemäß und nicht erst – wie aber von § 152 I 1 AO vorausgesetzt – verspätet nach. Der am 2.2.2018 festgesetzte Verspätungszuschlag ist somit materiell rechtswidrig.

2. Wirksamkeit

Die Festsetzung des Verspätungszuschlags erfolgt in Form eines Steuerverwaltungsakts i.S.d. § 118 S. 1 AO. Dieser wurde mit der Bekanntgabe im November 2017 wirksam (§ 124 I 1 i.V.m. § 122 I 1 AO). Die (materielle) Rechtswidrigkeit steht der Wirksamkeit nicht entgegen, es sei denn, der VA wäre nach § 125 AO nichtig. Da kein Fall des § 125 II, III AO vorliegt, wäre die Festsetzung nur dann gemäß **§ 125 I AO** nichtig, soweit sie an einem besonders schwerwiegenden Fehler leidet und dies bei verständiger Würdigung aller in Betracht kommenden Umstände offenkundig wäre. Offenkundig sind schwerwiegende Fehler nur dann, wenn jeder verständige Dritte, dem die Kenntnis aller in Betracht kommenden Umstände unterstellt werden kann, in der Lage ist, den Fehler in seiner besonderen Schwere zu erkennen. Vorliegend ergibt sich die Rechtswidrigkeit erst aus einer detaillierten Subsumtion des § 56 EStDV. Folglich ist der Fehler jedenfalls nicht offenkundig i.S.d. § 125 I AO, so dass die Festsetzung des Verspätungszuschlags nicht nichtig ist. **55**

3. Fälligkeit

Der Begriff der Fälligkeit wird von § 220 AO vorausgesetzt, in der AO aber nicht definiert. In Anlehnung an § 271 BGB wird unter Fälligkeit der Zeitpunkt verstanden, von dem an der Gläubiger eines Anspruchs aus dem Steuerschuldverhältnis von dem Schuldner die Leistung verlangen kann und dieser die Leistung erbringen muss. Der Verspätungszuschlag ist eine steuerliche Nebenleistung (§ 3 IV Nr. 2 AO) und damit ein Anspruch aus dem Steuerschuldverhältnis (§ 37 I AO). Da das EStG keine Regelung über die Fälligkeit des Verspätungszuschlags enthält, wird der Anspruch gemäß **§ 220 II 1 AO** mit seiner Entstehung fällig, es sei denn, dass in dem Leistungsgebot (§ 254 I 1 AO) eine Zahlungsfrist eingeräumt ist. Eine Zahlungsfrist wurde Martin nicht gesetzt, so dass der Verspätungszuschlag mit Festsetzung durch Bescheid vom 2.2.2018 und damit ab dem 6.2.2018 (§ 122 II Nr. 1 AO) fällig war (§ 220 II 2 AO). **56**

IV. Gegenseitigkeit

Die Gegenseitigkeit setzt voraus, dass der Aufrechnende Gläubiger der Aktivforderung und Schuldner der Passivforderung, der Aufrechnungsgegner Schuldner der Aktivforderung und Gläubiger der Passiv- **57** forderung ist. Martin ist Gläubiger des Erstattungsanspruchs und Schuldner des Verspätungszuschlags. Daher ist fraglich, wer Schuldner des Erstattungsanspruchs und Gläubiger des Verspätungszuschlags ist.

57a Das FA besitzt keine eigene Rechtspersönlichkeit. Die Finanzämter sind örtliche Landesbehörden, denen durch Art. 108 II 1 GG i.V.m. § 17 II 1 FVG u. a. die Verwaltung der Einkommensteuer übertragen ist. Gläubiger eines Steueranspruchs ist jedoch nur die Körperschaft, der die Ertragshoheit zusteht. Das Aufkommen der Einkommensteuer steht dem Bund und den Ländern gemeinsam zu (Art. 106 III GG, sog. **Gemeinschaftsteuer**), wobei den Wohnsitzgemeinden ein Anteil weiterzuleiten ist (Art. 106 V GG). Demnach sind der Bund, der Freistaat Bayern und die Gemeinde Weilheim Gläubiger von Martins Einkommensteueranspruch. Eine gemeinschaftliche Gläubigerstellung würde jedoch im alltäglichen Massengeschäft der Steuerverwaltung zu praktischen Komplikationen führen. Um die für die Aufrechnung erforderliche Gegenseitigkeit herzustellen, enthält **§ 226 IV AO** eine Fiktion, wonach als Schuldner eines Anspruchs aus dem Steuerschuldverhältnis – hier des Erstattungsanspruchs – auch die Körperschaft gilt, die die Steuer verwaltet. Damit wird auf die Unterteilung in Bundes- und Landesanteile an dem Steueraufkommen verzichtet. Nach Art. 108 II 1 GG wird die Einkommensteuer durch die Landesfinanzbehörden im Wege der Bundesauftragsverwaltung (Art. 108 III 1 GG) verwaltet. Den Bundesanteil verwalten sie treuhänderisch. Somit gilt der Freistaat Bayern als Schuldner des Erstattungsanspruchs.

57b Der Verspätungszuschlag fließt gemäß **§ 3 V 5 AO** der verwaltenden Köperschaft zu. Er soll den Verwaltungsmehraufwand abgelten, der der verwaltenden Körperschaft durch die Nebenleistungspflicht entsteht. Der von Martin zu zahlende Verspätungszuschlag wird als Annex zur Einkommensteuer gemäß Art. 108 II 1 GG i.V.m. § 17 II 1 FVG von dem FA Weilheim als örtlicher Landesbehörde verwaltet. Gläubiger des Verspätungszuschlags ist daher ausschließlich der Freistaat Bayern.

V. Zwischenergebnis

58 Folglich konnte das FA Weilheim in seiner Funktion als Landesbehörde gegenüber Martin die Aufrechnung erklären (§ 388 S. 1 BGB i.V.m. § 226 I AO). Dadurch sind der Steuererstattungsanspruch und der Verspätungszuschlag jeweils i.H.v. 1.000 Euro erloschen (§ 389 BGB i.V.m. §§ 226 I, 47 AO).

C. Weiteres Vorgehen

Die Festsetzung des Verspätungszuschlags war materiell rechtswidrig (s. o.). Daher kommt als weiteres Vorgehen die Einlegung eines Einspruchs in Betracht. 59

I. Statthaftigkeit des Einspruchs

Die Festsetzung erfolgt mittels eines Steuerverwaltungsakts (s. o.). Der Verspätungszuschlag ist eine steuerliche Nebenleistung (§ 3 IV Nr. 2 AO) und damit eine Abgabenangelegenheit i.S.d. § 347 II AO, auf die die AO nach § 1 I AO Anwendung findet. Folglich ist der Einspruch gemäß § 347 I Nr. 1 AO statthaft. 60

II. Verhältnis zum Abrechnungsbescheid

Fraglich ist, ob der Einspruch gegen die Festsetzung des Verspätungszuschlags durch einen (vorrangigen) Antrag auf Erlass eines Abrechnungsbescheids nach § 218 II AO verdrängt ist. Ein **Abrechnungsbescheid** kann nur über Fragen der Verwirklichung der Ansprüche aus dem Steuerschuldverhältnis ergehen; er ist auf das Erhebungsverfahren beschränkt und betrifft nicht das Festsetzungsverfahren. Die Rechtmäßigkeit der dem Abrechnungsbescheid zugrunde liegenden Steuerbescheide wird in dem Verfahren über den Abrechnungsbescheid nicht mehr geprüft. Daher ist zu unterscheiden: 61

- Wendet sich Martin gegen die Festsetzung des Verspätungszuschlags, betrifft sein Rechtsbehelf nicht das Erhebungs-, sondern das Festsetzungsverfahren. Insoweit ist der Einspruch nach § 347 I 1 Nr. 1 AO statthaft. Ein Antrag auf Erlass eines Abrechnungsbescheids wäre unstatthaft.
- Würde sich Martin (nur) gegen die Aufrechnung als Maßnahme des Erhebungsverfahrens wenden, wäre hingegen nicht der Einspruch, sondern nur der Antrag auf Erlass eines Abrechnungsbescheids nach § 218 II 1 AO statthaft. Dieser Rechtsbehelf hätte allerdings keine Aussicht auf Erfolg, sofern nicht zugleich auch die Festsetzung des Verspätungszuschlags angegriffen wird.

III. Entscheidung über den Einspruch, Rechtsfolgen

Die Festsetzung des Verspätungszuschlags ist materiell rechtswidrig. Die Einspruchsbehörde wird den VA daher gemäß **§ 367 II 3 i.V.m. § 130 I AO** aufheben. Die Festsetzung des Verspätungszuschlags ist einem Steuerbescheid nicht gleichgestellt; die §§ 172 ff. AO 62 gelten nicht entsprechend. Damit würde die wirksame Festsetzung des Verspätungszuschlags (§ 124 II AO) und somit die Aktivforderung entfallen. Die erklärte Aufrechnung ginge ins Leere und die Steuererstattung i.H.v. 1.000 Euro wäre an Martin auszuzahlen. Mangels VA-Qualität kommt der Aufrechnung im Fall ihrer Rechtswidrigkeit keine materielle Bestandskraft zu.

Zur Vertiefung:

🕮 *Dillberger/Fest*, Einkommensteuer und Abgabenordnung, 3. Aufl. 2016, Rn. 133 ff., 665 ff., 702 ff.

Fall 3. Das Autohaus

Sachverhalt

Teil 1:

Richard wohnt in Köln. Er ist Geschäftsführer und Allein-Gesellschafter der R.I.C.H. GmbH, die u. a. Fahrzeuge der Olep AG vertreibt. Die Gesellschaft hatte er selbst mit einem Stammkapital i.H.v. 25.000 Euro gegründet und dabei 15.000 Euro Beratungs- und Beurkundungskosten aufgewandt. Als Vergütung für seine Tätigkeit als Geschäftsführer gewährt sich Richard monatlich 7.000 Euro.

Als Dienstwagen nutzt Richard einen repräsentativen Sportwagen der Automarke Olep (Listenpreis 50.000 Euro), den er nach seinem Geschäftsführervertrag auch privat nutzen darf. Ein Fahrtenbuch führt Richard nicht. Richard benutzt das Fahrzeug überwiegend für Kundenbesuche, aber auch als Vorführwagen. Außerdem fährt er – wie in seinem Anstellungsvertrag vorgesehen – mit dem Pkw täglich zur Arbeit. Bei diesen Fahrten legte er im Kalenderjahr 2017 an 200 Arbeitstagen eine Strecke von jeweils knapp 42 km zurück.

Frauke, Richards Freundin, ist als Verkäuferin bei der R.I.C.H. GmbH beschäftigt. Während sie ein den anderen Angestellten vergleichbares monatliches Gehalt bekommt, überlässt die R.I.C.H. GmbH nur ihr zusätzlich einen Sportwagen der vertriebenen Marke Olep (Listenpreis 50.000 Euro). Eine private Nutzung des Fahrzeugs ist im Anstellungsvertrag nicht ausdrücklich geregelt, aber nach Richards Ansicht jedenfalls aufgrund Fraukes überdurchschnittlicher Leistung gerechtfertigt.

Da sich ein gutes Betriebsklima nach Richards Erfahrung in den Verkaufszahlen niederschlägt, ist er stets um gute Stimmung unter den Mitarbeitern bemüht. Zu diesem Zweck richtete er Ende Juli 2017 – wie jedes Jahr – in den Räumen des Autohauses ein großes Sommerfest aus. Daran nahmen neben den im Autohaus angestellten Mitarbeitern auch deren Ehepartner teil, insgesamt fünfzig Personen. Für die servierten Speisen und Getränke wurden der R.I.C.H. GmbH von dem liefernden Gastronomie-Service 7.000 Euro in Rechnung gestellt. Daneben wurden für das Rahmenprogramm verschiedene Artisten zum Preis von 3.000 Euro gebucht. Die Rechnungen enthalten weder Hinweise auf den Anlass der Bewirtung noch auf die bewirteten Personen.

Da die R.I.C.H. GmbH zu diesem Zeitpunkt kleinere Liquiditätsprobleme hatte, bezahlte Richard die Rechnungen aus seinem Privatvermögen. In einem erfolgreicheren Monat wollte er sich seine Auslagen aus dem Gesellschaftsvermögen erstatten. Im August 2017 beschloss er, die Liquidität der finanziell angeschlagenen Gesellschaft dadurch zu steigern, dass er auf den Auslagenersatz. verzichtete. Daraufhin buchte er die Verbindlichkeit aus der Gewinnermittlung aus. Nach dem Gesellschaftsvertrag ist Richard als Geschäftsführer von dem Verbot des Selbstkontrahierens (§ 35 III 1 GmbHG, § 181 BGB) befreit.

Nach dem Geschäftsabschluss 2016 hatte die R.I.C.H. GmbH einen Jahresüberschuss nach Steuern von 100.000 Euro erwirtschaftet. Davon zahlte Richard am 15.9.2017 einen Betrag i.H.v. 20.000 Euro an sich aus. Weitere Entnahmen tätigte er nicht, um die Liquidität der GmbH nicht zusätzlich zu verringern. Mit dem Betrag wollte Richard Ende des Jahres 2017 einen größeren Umbau des Autohauses – möglichst aus Gesellschaftsmitteln – vornehmen. Zur Verbreiterung der Kapitalbasis nahm er zum 1.12.2017 außerdem seinen Bekannten Siegfried in die Gesellschaft auf. Dazu veräußerte er ihm einen Geschäftsanteil von 20 % – dies entspricht einem Anteil am Stammkapital i.H.v. 5.000 Euro – zum Preis von 100.000 Euro. Die Kosten der notariellen Beurkundung trug Siegfried.

Teil 2:

Im Jahr 2011 hatte Richard das 10-jährige Bestehen des Autohauses gefeiert und rund 200 Mitarbeiter und Großkunden eingeladen. Die Kosten der Feier hatte die R.I.C.H. GmbH getragen. Da Richard zeitgleich fünfzig Jahre alt wurde, ging das FA von einer privaten Veranlassung und einer verdeckten Gewinnausschüttung an R aus.

Gegen den Einkommensteuerbescheid für den VZ 2011 ging Richard rechtlich vor. Nachdem das Einspruchsverfahren erfolglos geblieben war, folgte das Finanzgericht im Sommer 2017 seiner Auffassung und reduzierte die Einkommensteuer entsprechend. Im Herbst 2017 will das FA auch den Körperschaftssteuerbescheid der R.I.C.H. GmbH für den VZ 2011 vom 20.11.2012 entsprechend anpassen.

Bearbeitervermerk:

Teil 1: In einem Gutachten, das auf alle aufgeworfenen Rechtsfragen eingeht, sind das zu versteuernde Einkommen Richards für den VZ 2017 sowie der anzuwendende Tarif zu ermitteln.

Teil 2: Ist eine Änderung des Körperschaftssteuerbescheids der R.I.C.H. GmbH für den VZ 2011 im Herbst 2017 noch möglich?

Gliederung

Teil 1:

A. Persönliche Steuerpflicht
B. Gesamtbetrag der Einkünfte
  I. Einkünfte aus nichtselbständiger Arbeit
    1. Qualifikation der Einkünfte
    2. Geschäftsführervergütung
    3. Nutzung des Dienstwagens
      a) Einnahmen
      b) Entfernungspauschale
    4. Aufwendungen für das Sommerfest
    5. Zwischenergebnis
  II. Einkünfte aus Kapitalvermögen
    1. Offene Gewinnausschüttung
    2. Verdeckte Gewinnausschüttung
    3. Sparer-Pauschbetrag
  III. Einkünfte aus Gewerbebetrieb
    1. Qualifikation der Einkünfte
    2. Veräußerungsgewinn
      a) Veräußerungspreis, Veräußerungskosten
      b) Anschaffungskosten
      c) Teileinkünfteverfahren
    3. Freibetrag
    4. Zwischenergebnis
  IV. Ergebnis
C. Einkommen
D. Zu versteuerndes Einkommen, Tarif
E. Ergebnis

Teil 2:

A. Rechtswidrigkeit der Festsetzung
B. Korrekturtatbestand
  I. Korrektur nach § 172 I 1 Nr. 2 lit. a AO
  II. Korrektur wegen neuer Tatsachen
  III. Korrektur wegen widerstreitender Steuerfestsetzungen
    1. Anfänglich negativer Widerstreit
    2. Nachträglich negativer Widerstreit
C. Festsetzungsverjährung

Lösung

Teil 1:

A. Persönliche Steuerpflicht

Als natürliche Person mit Wohnsitz (§ 8 AO) im Inland ist Richard 1
nach § 1 I 1 EStG unbeschränkt einkommensteuerpflichtig.

B. Gesamtbetrag der Einkünfte

I. Einkünfte aus nichtselbständiger Arbeit

Fraglich ist zunächst, welcher Einkunftsart Richards Betätigung als 2
Geschäftsführ der R.I.C.H. GmbH zuzuordnen ist. Als Geschäftsführer wird Richard auf Grundlage eines Anstellungsvertrags tätig. In Betracht kommt somit eine nichtselbständige Arbeit i.S.d. § 19 EStG.

1. Qualifikation der Einkünfte

Die Vorschrift des § 19 I EStG zählt beispielhaft auf, welche Ein- 3
nahmen zu den Einkünften aus nichtselbständiger Arbeit gehören. Der Begriff der nichtselbständigen Arbeit wird jedoch nicht legaldefiniert, sondern vorausgesetzt. Maßgeblich dafür, ob eine Arbeitsleistung selbständig oder nichtselbständig erbracht wird, ist u. a. die Vereinbarung zwischen dem Arbeitgeber und dem Arbeitnehmer. Als Auslegungshilfe wird **§ 1 I 1 LStDV** herangezogen. Danach sind Arbeitnehmer i.S.d. Steuerrechts Personen, die in öffentlichem oder privatem Dienst angestellt oder beschäftigt sind und die aus diesem Dienstverhältnis Arbeitslohn beziehen. Ein solches Dienstverhältnis ist nach § 1 II 2 LStDV dadurch gekennzeichnet, dass die Person in der Betätigung ihres geschäftlichen Willens unter der Leitung des Arbeitgebers steht oder im geschäftlichen Organismus des Arbeitgebers dessen Weisungen zu folgen verpflichtet ist.

4 Da Richard nicht nur Geschäftsführer, sondern zugleich auch beherrschender Gesellschafter der R.I.C.H. GmbH ist, erscheint die **Weisungsgebundenheit** zweifelhaft. Dabei gilt es zu beachten, dass der steuerliche Typusbegriff der nichtselbständigen Arbeit wesentlich weiter gefasst ist als die arbeitsrechtliche Definition des Arbeitnehmers. Die nichtselbständige Arbeit ist das Gegenteil zur selbständigen Arbeit (§§ 15 II, 18 EStG). Der Steuerpflichtige entfaltet weder Unternehmerinitiative noch trägt er Unternehmerrisiko. Letzteres zeigt sich für Richard darin, dass die Gewinne und Verluste, die aus seiner Tätigkeit im Namen der GmbH resultieren, im Gesellschaftsvermögen entstehen. Er bezieht ein erfolgsunabhängiges Monatsgehalt und ist an die Weisungen der Gesellschafterversammlung gebunden (§ 37 I GmbHG). Die Tatsache, dass Richard zugleich beherrschender Gesellschafter der GmbH ist, führt lediglich dazu, dass er auch Einkünfte aus Kapitalvermögen (§ 20 I Nr. 1 EStG) erzielt. Die Qualifikation seiner Tätigkeit als Geschäftsführer ist davon unabhängig. Mit dieser erzielt er Einkünfte aus nichtselbständiger Arbeit (§ 19 I 1 Nr. 1 EStG). Zu ermitteln ist insoweit der Überschuss der Einnahmen (§ 8 EStG) über die Werbungskosten (§ 9 EStG), § 2 II 1 Nr. 2 EStG.

2. Geschäftsführervergütung

5 Steuerbarer Arbeitslohn i.S.d. § 19 I 1 Nr. 1 EStG und § 2 I 1 LStDV ist jedweder geldwerte Vorteil, der durch das Dienstverhältnis veranlasst ist. Eine **Veranlassung** liegt vor, wenn der Vorteil mit Rücksicht auf das Dienstverhältnis eingeräumt wird und sich die Leistung des Arbeitnehmers im weitesten Sinne als Gegenleistung für das Zurverfügungstellen der individuellen Arbeitskraft des Arbeitnehmers erweist.

6 Für seine Tätigkeit als Geschäftsführer erhält Richard ein monatliches Bruttogehalt i.H.v. 7.000 Euro. Dabei handelt es sich um laufenden Arbeitslohn, so dass die Zahlungen gemäß **§ 11 I 4 i.V.m. § 38a I 2 EStG** in dem Kalenderjahr als bezogen gelten, in dem der Lohnzahlungszeitraum endet. Im VZ 2017 hat Richard somit Einnahmen i.H.v. 84.000 Euro (= 12 Monate x 7.000 Euro) erzielt.

+ 84.000 Euro

3. Nutzung des Dienstwagens

7 Seinen betrieblichen Dienstwagen durfte Richard nach seinem Anstellungsvertrag auch für private Zwecke nutzen. Zu unterscheiden ist bei der steuerlichen Beurteilung zwischen dem Nutzungsvorteil als Einnahme und der gleichzeitig durch die Nutzung entstehenden Werbungskosten.

a) Einnahmen

Zu den Einnahmen aus nichtselbständiger Arbeit gehören neben den Geldleistungen gemäß § 8 I EStG auch alle Güter, die in Geldeswert bestehen und dem Steuerpflichtigen mit Rücksicht auf sein Dienstverhältnis eingeräumt werden. Die unentgeltliche Überlassung eines Kraftfahrzeugs durch den Arbeitgeber an den Arbeitnehmer für dessen Privatnutzung führt zu einer **Bereicherung** des Arbeitnehmers und damit zu einem Lohnzufluss. **8**

aa) Bewertung nach § 8 III EStG

Im Verhältnis zu § 8 II EStG enthält § 8 III EStG eine für den Arbeitnehmer günstigere und daher vorrangige Bewertungsvorschrift. Danach sind solche Waren zu bewerten, die vom Arbeitgeber nicht überwiegend für den Bedarf seiner Arbeitnehmer hergestellt, vertrieben oder erbracht werden und deren Bezug nicht nach § 40 EStG pauschal versteuert wird. Richards Arbeitgeber, die R.I.C.H. GmbH, vertreibt in dem **Autohaus** Fahrzeuge der Marke Olep. Im Unterschied zu den Kunden des Autohauses hat Richard den Pkw nicht erworben; der Sportwagen ist ihm lediglich (vorübergehend) zur Nutzung überlassen. Das Leistungsangebot der R.I.C.H. GmbH umfasst aber ausschließlich den Verkauf der Fahrzeuge, nicht aber deren Nutzungsüberlassung. Die Bewertung des sich daraus ergebenden Vorteils kann somit nicht gemäß § 8 III 1 EStG erfolgen. **9**

bb) Bewertung nach § 8 II EStG

Die Einnahme aufgrund der Nutzungsüberlassung ist gemäß § 8 II 1 EStG grundsätzlich in Höhe des um übliche Preisnachlässe geminderten üblichen Endpreises am Abgabeort anzusetzen. Dafür wäre der marktübliche Mietzins, z. B. durch einen Vergleich einschlägiger gewerblicher Autovermieter, zu ermitteln. **10**

Zur Vereinfachung enthält § 8 II 2–5 EStG Sonderbestimmungen für die Bewertung des aus der Überlassung eines betrieblichen Kraftfahrzeugs stammenden Vorteils. Um ein **betriebliches Fahrzeug** i.d.S. handelt es sich nur, wenn es Betriebsvermögen des Arbeitgebers ist, d. h. regelmäßig zu mehr als 50 % betrieblich genutzt wird. Die betriebliche Nutzung als Vorführwagen und für Fahrten zu Kunden im Interesse der R.I.C.H. GmbH ist gegenüber den privaten Fahrten übergeordnet. Somit ist der Richard überlassene Sportwagen ein betriebliches Fahrzeug i.S.d. § 8 II 2 EStG. **11**

Richard hat kein Fahrtenbuch geführt. Daher scheidet eine Bewertung nach § 8 II 4 EStG auf der Grundlage der konkret auf die private Nutzung entfallenden Aufwendungen aus. Der aus der Nutzung für **12** private Fahrten resultierende Vermögensvorteil ist somit nach § 8 II 2 i.V.m. § 6 I Nr. 4 S. 2 EStG zu bewerten. Dabei handelt es sich um eine stark typisierende und pauschalierende Bewertungsregelung. Danach ist der Nutzungsvorteil für jeden Kalendermonat mit **1 % des inländischen Listenpreises** im Zeitpunkt der Erstzulassung zzgl. der Kosten für die Sonderausstattung einschließlich der Umsatzsteuer zu bewerten. Dies entspricht bei einem Listenpreis von 50.000 Euro monatlich 500 Euro. Für die unentgeltliche Überlassung des Fahrzeugs ist daher eine Einnahme i.H.v. 6.000 Euro (= 12 Monate x 500 Euro) anzusetzen.

+ 6.000 Euro

13 Der nach § 8 II 2 EStG anzusetzende Betrag ist gemäß § 8 II 3 EStG zu erhöhen, wenn Richard den Sportwagen auch für seine Fahrten zwischen Wohnung und erster Tätigkeitsstätte nutzen kann. Voraussetzung hierfür ist, dass Richard trotz seiner Kundenbesuche über eine **erste Tätigkeitsstätte** verfügt. Dies ist nach § 9 IV 1, 2 EStG die ortsfeste betriebliche Einrichtung des Arbeitgebers, der der Arbeitnehmer aufgrund der dienst- oder arbeitsrechtlichen Festlegungen dauerhaft zugeordnet ist. Nicht erfasst sind daher z. B. Fahrten, die durch einen häufigen Ortswechsel geprägt sind und im Rahmen einer Reisetätigkeit durchgeführt werden. Ein solcher Fall ist gegeben, wenn der Arbeitnehmer seine Arbeitsleistung an zahlreichen wechselnden Tätigkeitsstätten zu erbringen hat, wie das z. B. bei einem Reisevertreter oder bei einem Kundendiensttechniker der Fall ist. In solchen Konstellationen greifen die subsidiären Bestimmungen des § 9 IV 4 EStG. Trotz einiger Außentermine übt Richard seine nach dem Anstellungsvertrag geschuldete Tätigkeit ganz überwiegend in den Verkaufsräumen des Autohauses aus; hier ist er nachhaltig tätig und verfügt somit über eine erste Tätigkeitsstätte i.S.d. § 8 II 3 i.V.m. § 9 IV 1, 2 EStG.

14 Da Richard den Sportwagen entsprechend der **vertraglichen Gestattung** der R.I.C.H. GmbH auch für seine Fahrten zwischen Wohnung und erster Tätigkeitsstätte nutzen darf und tatsächlich nutzt, sind seine Einnahmen nach § 8 II 3 EStG für jeden Kilometer der Entfernung zwischen Wohnung und erster Tätigkeitsstätte um 0,03 % des Listenpreises i.S.d. § 6 I Nr. 4 S. 2 EStG zu erhöhen. Auf Grundlage des Bruttolistenpreises i.H.v. 50.000 Euro und einer Entfernung von 42 km sind als Sachbezug daher weitere Einnahmen i.H.v. 7.560 Euro (= 42 km x 0,03 % von 50.000 Euro x 12 Monate) anzusetzen.

+ 7.560 Euro

b) Entfernungspauschale

15 Richards Aufwendungen für die Wege zwischen Wohnung und erster Tätigkeitsstätte sind durch seine steuerbare Tätigkeit als Geschäfts-

führer der R.I.C.H. GmbH veranlasst und somit als Werbungskosten nach **§ 9 I 3 Nr. 4 EStG** von den Einnahmen abzuziehen. Anzusetzen sind jedoch nicht die tatsächlich entstandenen Aufwendungen, sondern die sog. Entfernungspauschale nach § 9 I 3 Nr. 4 S. 2 EStG. Danach ist für jeden Arbeitstag, an dem Richard die Verkaufsräume der R.I.C.H. GmbH aufgesucht hat, ein Pauschbetrag von 0,30 Euro für jeden vollen Entfernungskilometer anzusetzen. Im VZ 2017 hat Richard die Verkaufsräume an 200 Arbeitstagen aufgesucht. Folglich errechnet sich eine Entfernungskostenpauschale i.H.v. 2.520 Euro (= 200 Tage x 42 km x 0,30 Euro).

./. 2.520 Euro

4. Aufwendungen für das Sommerfest

Die Kosten i.H.v. 7.000 Euro für die auf dem Sommerfest angebo- **16**
tenen Speisen und Getränke sowie die Kosten i.H.v. 3.000 Euro für das Rahmenprogramm könnten weitere Werbungskosten (§ 9 I 1 EStG) im Rahmen der nichtselbständigen Einkünfte (§ 19 I Nr. 1 EStG) sein. Die Aufwendungen wurden der GmbH in Rechnung gestellt und von Richard verauslagt; letztlich entschied er sich aber, auf den Auslagenersatz zu verzichten, so dass er die Aufwendungen alleine trug. Werbungskosten sind Aufwendungen zur Erwerbung, Sicherung und Erhaltung der Einnahmen, § 9 I 1 EStG. Trotz der finalen Formulierung („zur"), genügt aufgrund der verfassungsrechtlich gebotenen Gleichbehandlung (Art. 3 I GG) mit den Betriebsausgaben (§ 4 IV EStG) im Rahmen der Gewinneinkünfte eine **berufliche Veranlassung**. Diese ist gegeben, wenn die Aufwendungen objektiv mit dem Beruf zusammenhängen und subjektiv zu dessen Förderung erbracht werden.

Ob Aufwendungen für Bewirtung und Unterhaltung durch die An- **17**
stellung als Geschäftsführer veranlasst sind, ist anhand aller Umstände des Einzelfalls zu entscheiden. Der **Anlass der Feier** ist ein erhebliches Indiz, nicht aber das allein entscheidende Kriterium, für die Beurteilung der beruflichen oder privaten Veranlassung der Aufwendungen. Für die Zuordnung der Aufwendungen zum beruflichen oder privaten Bereich ist auch von Bedeutung, wer als Gastgeber auftritt, wer die Gästeliste bestimmt, ob es sich bei den Gästen um Kollegen, Geschäftsfreunde oder Mitarbeiter (des Steuerpflichtigen oder des Arbeitgebers), um Angehörige des öffentlichen Lebens, der Presse, um Verbandsvertreter oder um private Bekannte oder Angehörige des Steuerpflichtigen handelt. Zu berücksichtigen ist außerdem, an welchem Ort die Veranstaltung stattfindet und ob das Fest den Charakter einer privaten Feier aufweist.

Das Sommerfest findet ohne bestimmten Anlass jährlich statt. Der **18**
Zweck der Feier besteht darin, ein positives Arbeitsklima zu schaffen

und mittelbar eine Steigerung der Verkaufszahlen herbeizuführen. Der betriebliche Charakter wird dadurch unterstützt, dass das Fest nicht etwa auf Richards Privatanwesen, sondern in den Räumlichkeiten des Autohauses stattfindet. Teilnehmer sind in erster Linie die Mitarbeiter des Autohauses. Die **Anwesenheit der Ehegatten** beruht nicht auf einer persönlichen Verbundenheit mit Richard, sondern war allein der beruflichen Feier geschuldet. Weiteres wesentliches Kriterium für die Zuordnung der Aufwendungen zum beruflichen oder privaten Bereich ist, ob der Steuerpflichtige eine variable, vom Erfolg seiner Arbeit abhängige **Entlohnung** erhält. Denn in einem solchen Fall hat es der Arbeitnehmer in größerem Umfang selbst in der Hand, die Höhe seiner Bezüge zu beeinflussen. Auf Grundlage seines Anstellungsvertrags erhält Richard keine variable, sondern eine vom Erfolg unabhängige fixe Vergütung. Somit schlägt sich die intendierte Steigerung des Gewinns nur in dem Gewinn und im Gesellschaftsvermögen der R.I.C.H. GmbH, nicht aber unmittelbar in Richards Bezügen nieder. Somit ist die Bewirtung der Mitarbeiter nach den Umständen des Einzelfalls jedenfalls nicht durch Richards Tätigkeit als Geschäftsführer der GmbH veranlasst (§ 19 EStG). Ob sie durch seine Stellung als Gesellschafter veranlasst ist, ist sogleich im Rahmen der §§ 20, 17, 15 EStG zu klären (siehe Rn. 38 ff.).

5. Zwischenergebnis

19 Mit seiner Tätigkeit als Geschäftsführer der R.I.C.H. GmbH hat Richard Einnahmen i.H.v. 97.560 Euro (= 84.000 Euro + 6.000 Euro + 7.560 Euro) erzielt. Da die Werbungskosten i.H.v. insgesamt 2.520 Euro den Werbungskostenpauschbetrag des § 9a S. 1 Nr. 1 EStG überschreiten, sind die tatsächlichen Aufwendungen anzusetzen. Richards Einkünfte aus nichtselbständiger Arbeit (§ 2 I Nr. 4 i.V.m. § 19 EStG) betragen somit 95.040 Euro.

II. Einkünfte aus Kapitalvermögen

20 Richard ist nicht nur Geschäftsführer der R.I.C.H. GmbH, sondern auch ihr Gesellschafter. Als solcher könnte er Einkünfte aus Kapitalvermögen gemäß § 2 I Nr. 5 i.V.m. § 20 EStG erzielt haben. Bei den Einkünften aus Kapitalvermögen handelt es sich um eine Überschusseinkunftsart (§ 2 II 1 Nr. 2 EStG). Allerdings enthält **§ 20 IX EStG** spezielle Regelungen, die die allgemeinen Definitionen der Einnahmen und Werbungskosten (§§ 8, 9, 9a EStG) modifizieren (§ 2 II 2 EStG).

1. Offene Gewinnausschüttung

Während Personengesellschaften einkommensteuerrechtlich transparent besteuert werden, sind Kapitalgesellschaften wie die GmbH nach § 1 I Nr. 1 KStG selbständige Steuersubjekte. Der nach § 8 KStG zu ermittelnde Gewinn unterliegt der Körperschaftsteuer. Auf Ebene der Gesellschafter werden in erster Linie die ausgeschütteten Gewinne als Einkünfte aus Kapitalvermögen besteuert, soweit die Geschäftsanteile im Privatvermögen gehalten werden und auch nicht der Einkunftsart der Vermietung und Verpachtung zuzuordnen sind (§ 20 VIII 1 EStG). Dementsprechend gehören zu den Einkünften aus Kapitalvermögen nach **§ 20 I Nr. 1 EStG** u. a. die Gewinnanteile, Ausbeuten und sonstige Bezüge aus Anteilen an Kapitalgesellschaften mit beschränkter Haftung. 21

Im Kalenderjahr 2016 erzielte die R.I.C.H. GmbH einen Jahresüberschuss i.H.v. 100.000 Euro. Ausweislich des ordnungsgemäß zustande gekommenen Gewinnverwendungsbeschlusses wurden hiervon 20.000 Euro an Richard als Gesellschafter ausgeschüttet. Da der Gewinn bereits im VZ 2016 erzielt, aber erst am 15.9.2017 ausgezahlt wurde, ist fraglich, ob Richard die Einnahme bereits im VZ 2016 oder erst im VZ 2017 anzusetzen hat. Für die Einkünfte aus Kapitalvermögen ist der Überschuss der Einnahmen über die Werbungskosten zu ermitteln (§ 2 II 1 Nr. 2 EStG). Maßgeblich ist daher, wann Richard der Geldbetrag **zugeflossen** ist (§ 11 I 1 EStG). Die dafür erforderliche wirtschaftliche Verfügungsmacht erlangte er erst mit der Auszahlung des Gewinnanteils am 15.9.2017. Folglich hat er die Einnahme i.H.v. 20.000 Euro im VZ 2017 zu versteuern. 22

+ 20.000 Euro

2. Verdeckte Gewinnausschüttung

Die R.I.C.H. GmbH hat Richards Freundin Frauke nicht nur ein monatliches Gehalt bezahlt, sondern ihr – im Unterschied zu allen anderen Angestellten – auch einen Sportwagen der Marke Olep zur privaten Nutzung überlassen. Dabei könnte es sich auf Ebene der Gesellschaft um eine Betriebsausgabe (§ 8 I 1 KStG i.V.m. § 4 IV EStG) handeln. Davon wäre auszugehen, wenn die Aufwendung durch den Betrieb des Autohauses veranlasst wäre, also durch den Geschäftsbetrieb objektiv verursacht und subjektiv zu dessen Förderung erbracht worden wäre. 23

Aufgrund der privaten Beziehung zwischen Richard und Frauke kommt jedoch auch eine verdeckte Gewinnausschüttung in Betracht. Eine solche hätte Richard nach **§ 20 I Nr. 1 S. 2 EStG** als Einnahme 24 im Rahmen der Einkünfte aus Kapitalvermögen zu versteuern. Der Begriff „verdeckte Gewinnausschüttung“ ist gesetzlich nicht definiert. Lediglich die Rechtsfolgen auf Ebene der Gesellschaft sind in **§ 8 III 2 KStG** geregelt. Eine verdeckte Gewinnausschüttung ist eine Vermögensminderung oder verhinderte Vermögensmehrung der Körperschaft, die durch das Gesellschaftsverhältnis veranlasst ist, sich auf die Höhe des Unterschiedsbetrags gemäß § 8 I 1 KStG i.V.m. § 4 I 1 EStG auswirkt und in keinem Zusammenhang mit einer offenen Ausschüttung steht.

25 Die Nutzungsüberlassung des Sportwagens an Frauke bewirkt eine Vermögensminderung zu Lasten der R.I.C.H. GmbH, da das Fahrzeug durch den Gebrauch an Wert verliert. Ein ordnungsgemäßer Gewinnverwendungsbeschluss liegt nicht vor. Für das Vorliegen einer Betriebsausgabe in Abgrenzung zu einer verdeckten Gewinnausschüttung ist entscheidend, ob die Nutzungsüberlassung an Frauke durch Richards Gesellschafterstellung (societatis causa) oder durch den Betrieb der R.I.C.H. GmbH **veranlasst** ist.

26 Zur Prüfung des Veranlassungszusammenhangs ist eine Gesamtabwägung aller Umstände des Einzelfalls vorzunehmen. Wichtiges Indiz ist dabei der sog. **Fremdvergleich**, nämlich die Frage, ob ein ordentlicher und gewissenhafter Geschäftsführer (§ 43 I GmbHG) Frauke ebenfalls den Sportwagen zur privaten Nutzung überlassen hätte. Frauke leistet nach Richards Überzeugung überdurchschnittliche Arbeit, weshalb er die Überlassung eines Dienstwagens als gerechtfertigt ansieht. Ob dies auch bei objektiver Betrachtung zutrifft, wäre im Einzelfall im Zuge einer Beweisaufnahme zu klären. Zu berücksichtigen ist aber, dass Frauke Richards Freundin, also eine ihm nahestehende Person, ist. Richard ist daher nicht nur als Geschäftsführer und Allein-Gesellschafter der R.I.C.H. GmbH an der Nutzungsüberlassung beteiligt; als Fraukes Freund hat er nach der allgemeinen Lebenserfahrung auch ein pesönliches Interesse daran, sie zu begünstigen. Daher kann nicht per se von einem die Austauschgerechtigkeit gewährleistenden Interessensgegensatz ausgegangen werden. Daher bedarf es in solchen Fällen einer zivilrechtlich wirksamen, eindeutigen und im Voraus abgeschlossenen Vereinbarung, die die Rechte und Pflichten der Parteien im Rahmen der Nutzungsüberlassung regelt. Andernfalls wäre bereits aufgrund der äußeren Form des Rechtsgeschäfts von einer Veranlassung durch das Gesellschaftsverhältnis auszugehen.

27 Zwar ist Frauke bei der R.I.C.H. GmbH auf Grundlage eines schriftlichen **Arbeitsvertrags** beschäftigt. Dieser enthält jedoch keine Regelung betreffend die Überlassung eines Dienstwagens zur privaten Nutzung. Folglich ist die Nutzungsüberlassung als durch Richards Gesellschaftsverhältnis veranlasst anzusehen und daher nicht als Betriebsausgabe der GmbH (§ 8 I 1 KStG i.V.m. § 4 IV EStG), sondern als verdeckte Gewinnausschüttung an Richard zu qualifizieren. Dabei ist es unerheblich, dass Frauke den Vorteil in Empfang nahm. Denn bei der gebotenen wirtschaftlichen Betrachtung handelt es sich lediglich um eine Abkürzung des Leistungswegs. Der Sachverhalt wäre nicht anders zu beurteilen, wenn Richard sich selbst den Vorteil gewährt und anschließend im Rahmen seiner nicht steuerbaren Lebensführung (§ 12 Nr. 1 S. 1 EStG) Frauke zugewandt hätte.

Die verdeckte Gewinnausschüttung in Form der Nutzungsüberlas- **28**
sung ist eine Einnahme, die nicht in Geld besteht. Sie ist daher zu bewerten und nach § 8 II 1 EStG mit dem üblichen Endpreis, also dem Verkehrswert anzusetzen. Dabei kann für die **Bewertung** der privaten Nutzungsmöglichkeit eines Dienstwagens auf den speziellen Teilwert des § 6 I Nr. 4 S. 2–4 EStG zurückgegriffen werden. Da kein Fahrtenbuch geführt wurde, ist der Nutzungsvorteil für jeden Kalendermonat pauschal mit 1 % des inländischen Listenpreises zu bewerten. Die verdeckte Gewinnausschüttung begründet somit für Richard eine Einnahme i.H.v. 6.000 Euro (= 12 Monate x 1 % von 50.000 Euro).

+ 6.000 Euro

3. Sparer-Pauschbetrag

Von den Einnahmen aus Kapitalvermögen i.H.v. 26.000 Euro **29**
(= 20.000 Euro + 6.000 Euro) ist nach § 20 IX EStG ein Sparer-Pauschbetrag i.H.v. 801 Euro abzuziehen (§ 2 II 2 EStG). Ein darüber hinausgehender Abzug der tatsächlichen Werbungskosten ist ausgeschlossen. Somit hat Richard im VZ 2017 Einkünfte aus Kapitalvermögen i.H.v. 25.199 Euro (= 26.000 Euro ./. 801 Euro) erzielt.

III. Einkünfte aus Gewerbebetrieb

Durch die Teilung seines Geschäftsanteils an der R.I.C.H. GmbH **30**
(§ 46 Nr. 4 GmbHG) und die Veräußerung des 20 %-Anteils an Siegfried könnte Richard Einkünfte aus Gewerbebetrieb (§ 2 I 1 Nr. 2 i.V.m. § 17 EStG) erzielt haben.

1. Qualifikation der Einkünfte

Nach § 15 II 1 EStG erzielt ein Steuerpflichtiger Einkünfte aus Ge- **31**
werbebetrieb, wenn er sich selbständig und nachhaltig mit Gewinnerzielungsabsicht am allgemeinen wirtschaftlichen Verkehr beteiligt, es sei denn, dass seine Betätigung als Ausübung von Land- und Forstwirtschaft (§ 13 EStG) oder als freier Beruf (§ 18 EStG) anzusehen ist. Die Legaldefinition ist aufgrund der Existenz der Überschusseinkünfte (§ 2 I 1 Nrn. 5–7, II 1 Nr. 2 EStG) um den ungeschriebenen Ausschlus-

statbestand der **privaten Vermögensverwaltung** zu ergänzen. Eine solche liegt vor, wenn Privatvermögen lediglich zu Zwecken der Fruchtziehung genutzt, z. B. Kapitalvermögen verzinslich angelegt oder unbewegliches Vermögen vermietet wird (§ 14 S. 3 AO). Richard nutzt die Gesellschaftsanteile nicht unmittelbar für eigenbetriebliche Zwecke. Sie sind daher Wirtschaftsgüter seines Privatvermögens. Dementsprechend begründet die Veräußerung grundsätzlich Einkünfte aus Kapitalvermögen gemäß § 20 II Nr. 1 EStG.

32 Allerdings sind die Überschusseinkünfte im Verhältnis zu den Gewinneinkünften subsidiär (§ 20 VIII 1 EStG). Aufgrund der Fiktion des § 17 I 1 EStG gehört zu den Einkünften aus Gewerbebetrieb auch der Gewinn aus der Veräußerung von Anteilen an einer GmbH (§ 17 I 3 EStG), wenn der Veräußerer an mindestens einem Tag innerhalb der letzten fünf Jahre zu **mindestens 1 %** an einer Kapitalgesellschaft beteiligt war. Die Fiktion beruht auf der gesetzgeberischen Erwägung, dass eine in diesem Umfang beteiligte Person vergleichbar einem Selbständigen auf die Geschicke der Körperschaft Einfluss nehmen kann. Da Richard seit Gründung der R.I.C.H. GmbH deren alleiniger Gesellschafter war, erzielte er mit der Veräußerung des 20 %-Anteils gewerbliche Einkünfte nach § 17 I 1 EStG.

2. Veräußerungsgewinn

33 Gewinn aus der Veräußerung (§ 17 I 1 EStG) ist nach **§ 17 II 1 EStG** der Betrag, um den der Veräußerungspreis nach Abzug der Veräußerungskosten die Anschaffungskosten übersteigt.

a) Veräußerungspreis, Veräußerungskosten

34 Richard verkaufte Siegfried seinen 20 %-Anteil an der R.I.C.H. GmbH zum Preis von 100.000 Euro. Da Siegfried die Veräußerungskosten in Form der Kosten der notariellen Beurkundung (§ 15 III, IV 1 GmbHG) trug, mindern sie Richards Veräußerungsgewinn nicht.

b) Anschaffungskosten

35 Bei der Ermittlung des Veräußerungsgewinns sind die Anschaffungskosten von dem Veräußerungspreis (100.000 Euro) abzuziehen.

aa) Ursprüngliche Anschaffungs- und Anschaffungsnebenkosten

36 Anschaffungskosten sind nach der allgemeinen handelsrechtlichen Legaldefinition (§ 255 I 1 HGB) die Aufwendungen, die geleistet werden, um einen Vermögensgegenstand zu erwerben und ihn in betriebsbereiten Zustand zu versetzen, soweit sie dem Vermögensgegenstand einzeln zugeordnet werden können. Richard hat seine Anteile an der R.I.C.H. GmbH jedoch nicht (derivativ) erworben; vielmehr hat

er die Gesellschaft selbst gegründet. Ihm sind daher keine Anschaffungs-, sondern Herstellungskosten entstanden. Im Wortlaut des § 17 II 1 EStG sind allerdings nur „Anschaffungskosten" genannt. Der Begriff der Anschaffungskosten in § 17 II 1 EStG ist jedoch mit Rücksicht auf das die Einkommensbesteuerung bestimmende Nettoprinzip weit auszulegen, um möglichst auch solche Aufwendungen zu erfassen, die bei Mitunternehmern zu berücksichtigen wären. Erwirbt der Steuerpflichtige die Anteile an einer Kapitalgesellschaft durch Gründung, entsprechen die Anschaffungskosten der Einlageverpflichtung des Gründers. Der 20 %-Anteil, den Richard Siegfried überträgt, entspricht einem Anteil am Stammkapital von 5.000 Euro. Folglich ist davon auszugehen, dass das Stammkapital der R.I.C.H. GmbH 25.000 Euro beträgt und Richard ursprünglich Anschaffungskosten i.H.v. 25.000 Euro aufgewendet hat.

Zu den Anschaffungskosten gehören auch die **Anschaffungs-** 37
nebenkosten (§ 255 I 2 HGB). Dies sind insbesondere Beurkundungs- und Beraterkosten. Als solche hat Richard bei der Gründung 15.000 Euro aufgewandt. Sie mindern seinen Veräußerungsgewinn.

bb) Nachträgliche Anschaffungskosten

Auch nachträgliche Anschaffungskosten mindern den Veräuße- 38
rungsgewinn. Dabei handelt es sich um nachträgliche Aufwendungen des Anteilseigners auf die Beteiligung, die durch das Gesellschaftsverhältnis veranlasst sind. Dazu gehören insbesondere Finanzierungshilfen, die ein Gesellschafter der Gesellschaft gewährt. Die an die R.I.C.H. GmbH adressierten Rechnungen für das Sommerfest hat Richard zunächst aus seinem Privatvermögen bezahlt. Dadurch erlosch die Verbindlichkeit der Gesellschaft gegenüber dem Gastronomie-Service und den Artisten (§§ 362 I, 267 I 1 BGB). Zugleich entstand für Richard ein Anspruch auf Aufwendungsersatz (§§ 675 I, 670 BGB) gegen die R.I.C.H. GmbH. Aus Sicht der R.I.C.H. GmbH war die Forderungstilgung durch Richard somit ein **Passivtausch** ohne Gewinnauswirkung. Später hat Richard auf den Aufwendungsersatzanspruch verzichtet, was wirtschaftlich zur Folge hatte, dass nicht die R.I.C.H. GmbH, sondern er die Kosten des Sommerfests trug.

Der Forderungsverzicht könnte eine verdeckte Einlage in das Ge- 39
sellschaftsvermögen sein. Der Begriff **verdeckte Einlage** ist gesetzlich nicht definiert. Lediglich die Rechtsfolgen sind in § 8 III 3–6 KStG geregelt. Eine verdeckte Einlage liegt vor, wenn ein Gesellschafter oder eine ihm nahe stehende Person der Kapitalgesellschaft außerhalb der gesellschaftsrechtlichen Einlagen einen einlagefähigen Vermögensvorteil zuwendet, ohne dass der Gesellschafter hierfür neue Gesellschaftsanteile erhält, und diese Zuwendung durch das Gesell-

schaftsverhältnis veranlasst ist. Sie ist das Gegenstück zu der verdeckten Gewinnausschüttung. Die Ursächlichkeit des Gesellschaftsverhältnisses ist grundsätzlich durch einen Fremdvergleich festzustellen, also mittels der Frage, ob auch ein Nichtgesellschafter der Gesellschaft den Vermögensvorteil eingeräumt hätte. Dafür sind keine Anhaltspunkte ersichtlich. Der somit als verdeckte Einlage zu qualifizierende Forderungsverzicht war in die Kapitalrücklage der R.I.C.H. GmbH einzubuchen. Er bewirkte eine Erhöhung des Eigenkapitals, war aber nicht gewinnwirksam (§ 8 III 3 KStG).

40 Für den Gesellschafter, der die Anteile an der Kapitalgesellschaft im Privatvermögen hält, bewirkt die verdeckte Einlage nachträgliche Anschaffungskosten. Diese sind entsprechend § 6 I Nr. 4 S. 1 EStG mit dem **Teilwert** zu bewerten. Anzusetzen ist nach § 6 I Nr. 1 S. 3 Hs. 1 EStG der Betrag, den ein Erwerber des ganzen Betriebs im Rahmen des Gesamtkaufpreises für das einzelne Wirtschaftsgut ansetzen würde. Dies ist bei Forderungen grundsätzlich der Nennbetrag, soweit mit der Erfüllung durch den Schuldner gerechnet werden kann, die Forderung also werthaltig ist. Da die R.I.C.H. GmbH nur kleine Liquiditätsprobleme hatte, ist von der Werthaltigkeit des Ersatzanspruchs auszugehen. Folglich hat Richard mit dem Forderungsverzicht nachträgliche Anschaffungskosten i.H.v. 10.000 Euro aufgewandt.

cc) Umrechnung auf den verkauften Anteil

41 Bei der Berechnung des Veräußerungsgewinns dürfen die Anschaffungskosten von dem Veräußerungspreis nur insoweit abgezogen werden, als sie sich auf den veräußerten Geschäftsanteil beziehen. Die Anschaffungskosten für sämtliche Anteile an der R.I.C.H. GmbH betragen 50.000 Euro (= 25.000 Euro + 15.000 Euro + 10.000 Euro). Auf den an Siegfried veräußerten 20 %-Anteil entfallen somit Anschaffungskosten i.H.v. 10.000 Euro (= 20 % von 50.000 Euro).

c) Teileinkünfteverfahren

42 Nach **§ 3 Nr. 40 S. 1 lit. c EStG** sind 40 % des Veräußerungspreises i.S.d. § 17 II EStG steuerfrei. Der steuerpflichtige Veräußerungspreis beträgt somit 60.000 Euro (= 100.000 Euro ./. 40 %). Das Teileinkünfteverfahren gilt nicht nur auf Seite der Einnahmen, sondern auch auf Seite der Anschaffungskosten (**§ 3c II 1 Hs. 2 EStG**); sie dürfen nur zu 60 % abgezogen werden. Dies entspricht 6.000 Euro (= 60 % von 10.000 Euro). Unter Anwendung des Teileinkünfteverfahrens verbleibt ein steuerpflichtiger Veräußerungsgewinn i.H.v. 54.000 Euro (= 60.000 Euro ./. 6.000 Euro).

3. Freibetrag

Der im Teileinkünfteverfahren bereinigte steuerpflichtige Veräußerungsgewinn wird gemäß § 17 III EStG um einen Freibeträge ermäßigt. Der Freibetrag ist in zwei Schritten zu ermitteln: (1) Nach **§ 17 III 1 EStG** wird der Veräußerungsgewinn zur Einkommensteuer nur herangezogen, soweit er den Teil von 9.600 Euro übersteigt, der dem veräußerten Anteil an der Kapitalgesellschaft entspricht. Richard veräußerte einen 20 %-Anteil an der R.I.C.H. GmbH. Der rechnerisch angepasste Freibetrag beträgt somit 1.920 Euro (= 20 % von 9.600 Euro). 43

(2) Der nach § 17 III 1 EStG errechnete Freibetrag ermäßigt sich gemäß **§ 17 III 2 EStG** um den Betrag, um den der Veräußerungsgewinn den Teil von 36.100 Euro übersteigt, der dem veräußerten Anteil an der Kapitalgesellschaft entspricht (sog. **Abschmelzung**). Da Richard einen 20 %-Anteil veräußert, beläuft sich der Abschmelzungsbetrag auf 7.220 Euro (= 20 % von 36.100 Euro). Da der Abschmelzungsbetrag den nach § 17 III 1 EStG errechneten Freibetrag übersteigt, verbleibt im Ergebnis kein Freibetrag. 44

4. Zwischenergebnis

Somit hat Richard durch die Veräußerung des Geschäftsanteils im VZ 2017 Einkünfte aus Gewerbebetrieb (§ 2 I 1 Nr. 2 i.V.m. § 17 EStG) i.H.v. 54.000 Euro erzielt. 45

IV. Ergebnis

Die Summe der von Richard erzielten Einkünfte im VZ 2017 beläuft sich auf 174.239 Euro (= 95.040 Euro + 25.199 Euro + 54.000 Euro). Da er weder den Altersentlastungsbetrag, den Entlastungsbetrag für Alleinerziehende noch den Abzug nach § 13 III EStG geltend machen kann, entspricht dies dem Gesamtbetrag der Einkünfte (§ 2 III EStG). 46

C. Einkommen

Von dem Gesamtbetrag der Einkünfte (§ 2 III EStG) sind bei der Ermittlung des Einkommens (**§ 2 IV EStG**) die Sonderausgaben (§§ 10–10g EStG) sowie außergewöhnliche Belastungen als ausnahmsweise relevante Geldabflüsse des Privatbereichs abzuziehen. Sind wie hier keine Aufwendungen nachgewiesen, wird nach § 10c S. 1 EStG von Amts wegen der Sonderausgaben-Pauschbetrag i.H.v. 36 Euro abgezogen. Richards Einkommen im VZ 2017 beträgt somit 174.203 Euro (= 174.239 Euro ./. 36 Euro). 47

D. Zu versteuerndes Einkommen, Tarif

48 Nach § 32a I 1 EStG bemisst sich die tarifliche Einkommensteuer nach dem zu versteuernden Einkommen. Dabei bildet das zu versteuernde Einkommen die Bemessungsgrundlage für die tarifliche Einkommensteuer (§ 2 V 1 Hs. 2 EStG).

49 **Einkünfte aus Kapitalvermögen**, wie sie Richard in Form der offenen und der verdeckten Gewinnausschüttung nach § 20 I Nr. 1 EStG erzielt hat (s. o.), sind jedoch von der Bemessungsgrundlage für die tarifliche Einkommensteuer grundsätzlich ausgenommen (§ 2 Vb EStG). Für sie beträgt die Einkommensteuer gemäß § 32d I 1 EStG grundsätzlich 25 % mit abgeltender Wirkung. Für die Einkünfte aus §§ 17, 15 EStG gilt die Vorschrift nicht (§ 3 Nr. 40 S. 2 EStG).

50 Allerdings könnte der abgeltende Tarif nach § 32d II Nr. 3 EStG ausgeschlossen sein. Einkünfte aus Kapitalvermögen werden nach § 32d II Nr. 3 S. 1 lit. a EStG ausnahmsweise in die Bemessungsgrundlage für die tarifliche Einkommensteuer einbezogen, wenn der Steuerpflichtige zu mindestens 25 % an der Kapitalgesellschaft beteiligt ist (sog. **unternehmerische Beteiligung**). Die Einbeziehung erfolgt jedoch nicht von Amts wegen, sondern nur auf Antrag des Steuerpflichtigen (§ 32d II Nr. 3 S. 1 EStG). Der Antrag hat u. a. zur Folge (§ 32d II Nr. 3 S. 2 EStG), dass das sog. Teileinkünfteverfahren anwendbar wird und der Steuerpflichtige anstelle des Sparer-Pauschbetrags (§ 20 IX EStG) seine tatsächlichen Werbungskosten (z. B. Finanzierungskosten) absetzen kann. Solange Richard weder einen solchen Antrag noch einen **Antrag auf Günstigerprüfung** nach § 32d VI 1 EStG stellt, unterliegen seine Einkünfte aus Kapitalvermögen der linearen Abgeltungsteuer nach § 32d I 1 EStG.

E. Ergebnis

51 Im VZ 2017 hat Richard Einkünfte aus Kapitalvermögen i.H.v. 25.199 Euro erzielt. Diese Einkünfte unterliegen der linearen Abgeltungsteuer i.H.v. 25 %. Seine übrigen Einkünfte aus Gewerbebetrieb und nichtselbständiger Arbeit i.H.v. 149.040 Euro unterliegen hingegen dem progressionsabhängigen Regeltarif (§ 32a I EStG).

Teil 2:

52 Fraglich ist, ob der am 20.11.2012 erlassene Körperschaftsteuerbescheid für den VZ 2011 im Herbst 2017 noch geändert werden kann. Die Änderung ist zulässig, wenn der Steuerbescheid rechtswidrig ist, also die materiell-rechtlich richtige Steuer von der festgesetzten Steuer

abweicht, ein Korrekturtatbestand eine Durchbrechung der Bestandskraft erlaubt und die Festsetzungsverjährung noch nicht eingetreten ist.

A. Rechtswidrigkeit der Festsetzung

Die Feier zum 10-jährigen Bestehen des Autohauses wurde in der Körperschaftsteuerfestsetzung als verdeckte Gewinnausschüttung an Richard behandelt. Das Finanzgericht kam im Rechtsstreit um Richards Einkommensteuerfestsetzung zu dem Ergebnis, die Feier sei nicht durch Richards Gesellschafterstellung, sondern betrieblich veranlasst. Folglich handelt es sich nicht um Einkünfte nach § 20 I Nr. 1 S. 2 EStG, sondern um **Betriebsausgaben** der R.I.C.H. GmbH (§ 8 I 1 KStG i.V.m. § 4 IV EStG). Diese sind in der dem Körperschaftsteuerbescheid zugrunde liegenden Gewinnermittlung nicht enthalten, so dass der Körperschaftsteuerbescheid insoweit materiell rechtswidrig ist. **53**

B. Korrekturtatbestand

Eine Anpassung der festgesetzten Steuer an die materiell-rechtlich richtige Steuer ist nach dem Erlass des Steuerbescheids nur noch möglich, soweit ein Korrekturtatbestand die Durchbrechung der materiellen **Bestandskraft** gestattet. Der Körperschaftsteuerbescheid (§ 155 I AO) stand nicht unter einem Vorbehalt der Nachprüfung (§ 164 AO), so dass eine Korrektur nur noch nach Maßgabe der §§ 172 ff. AO zulässig ist. **54**

I. Korrektur nach § 172 I 1 Nr. 2 lit. a AO

Nach § 172 I 1 Nr. 2 lit. a Hs. 1 AO dürfte der Körperschaftsteuerbescheid nur geändert werden, soweit der Steuerpflichtige – die R.I.C.H. GmbH (§ 1 I Nr. 1 KStG) – zustimmt. Eine Änderung zugunsten des Steuerpflichtigen ist nach § 172 I 1 Nr. 2 lit. a Hs. 2 AO jedoch nur dann zulässig, soweit er vor Ablauf der Einspruchsfrist (§ 355 AO) **zustimmt**. Die Berücksichtigung der Aufwendungen für die Feier des 10-jährigen Jubiläums des Autohauses als Betriebsausgabe (§ 8 I 1 KStG i.V.m. § 4 IV EStG) würde den Gewinn und damit die Steuerlast der GmbH reduzieren. Da Richard nur gegen seinen Einkommensteuerbescheid, nicht aber auch in seiner Funktion als Geschäftsführer gegen den an die R.I.C.H. GmbH gerichteten Körperschaftsteuerbescheid Einspruch eingelegt hat, wurde letzterer mit dem Ablauf der Einspruchsfrist formell bestandskräftig. Die für die Änderung erforderliche Zustimmung hat Richard als gesetzlicher Vertreter der R.I.C.H. GmbH (§ 35 I 1 GmbHG) daher nicht fristgemäß erklärt. **55**

II. Korrektur wegen neuer Tatsachen

56 Eine Korrektur nach § 172 I 1 Nr. 1 lit. d Hs. 1 i.V.m. § 173 I Nr. 2 AO wäre nur zulässig, wenn die Tatsachen, die zu einer niedrigeren (Körperschaft-)Steuer führen, nachträglich bekannt geworden sind. Nachträglich bekannt werden können Tatsachen nur, wenn sie bereits bei Erlass des Körperschaftsteuerbescheids vorhanden, dem FA aber noch unbekannt waren. Zum Zeitpunkt der Veranlagung waren dem FA sämtliche Tatsachen bekannt. Die Einordnung als verdeckte Gewinnausschüttung beruht auf einem **Rechtsanwendungsfehler**, der nicht zu einer Korrektur nach § 173 I Nr. 2 AO berechtigt.

III. Korrektur wegen widerstreitender Steuerfestsetzungen

57 Widerstreitende Steuerfestsetzungen können nach Maßgabe des § 172 I 1 Nr. 1 lit. d Hs. 1 i.V.m. § 174 AO korrigiert werden. Ein Widerstreit liegt vor, wenn ein bestimmter Sachverhalt in verschiedenen Steuerbescheiden in unvereinbarer Weise berücksichtigt wird. Infolge der Entscheidung des Finanzgerichts sind die Aufwendungen für das Firmenjubiläum in Richards Einkommensteuerbescheid nicht länger als Einnahme aufgrund einer verdeckten Gewinnausschüttung (§ 20 I Nr. 1 S. 2 EStG) zu berücksichtigen. Die konsequente Fortführung dieser Rechtsauffassung müsste die Aufwendungen als Betriebsausgaben der R.I.C.H. GmbH ansetzen. In dem bestandskräftigen Körperschaftsteuerbescheid sind die Aufwendungen jedoch (noch) als verdeckte Gewinnausschüttung behandelt. Damit liegt ein Widerstreit vor.

1. Anfänglich negativer Widerstreit

58 Nach **§ 174 III 1 AO** ist die Korrektur eines sog. anfänglich negativen Widerstreits zulässig, wenn ein bestimmter Sachverhalt in einem Steuerbescheid erkennbar – aber unzutreffend – in der Annahme nicht berücksichtigt worden ist, dass er in einem anderen Steuerbescheid zu berücksichtigen sei. Sachverhalt i.S.d. § 174 AO ist jeder einzelne Lebensvorgang, an den das Gesetz steuerliche Folgen knüpft. Nicht berücksichtigt ist ein Sachverhalt, wenn er in die Entscheidungsfindung über den Bescheid nicht einbezogen, mithin keine Regelung für ihn getroffen wurde. Die Aufwendungen für das Firmenjubiläum wurden im Körperschaftsteuerbescheid für den VZ 2011 zwar rechtlich unzutreffend, aber – als verdeckte Gewinnausschüttung (§ 8 III 2 KStG) – berücksichtigt. Ein anfänglich negativer Widerstreit lag damit nicht vor. Die falsche Rechtsanwendung alleine berechtigt nicht zu einer Korrektur nach § 174 III 1 AO.

2. Nachträglich negativer Widerstreit

Die falsche Rechtsanwendung könnte jedoch nach **§ 174 IV 1 AO** korrigiert werden, wenn ein anderer Steuerbescheid aufgrund irriger Beurteilung des Sachverhalts ergangen ist und anschließend aufgrund eines Rechtsbehelfs des Steuerpflichtigen durch die Finanzbehörde oder das Finanzgericht (§ 174 IV 2 AO) zu seinen Gunsten geändert wurde. Dadurch wird der negative Widerstreit erst nachträglich erzeugt. Die Norm stellt sicher, dass die Finanzbehörde die richtige Entscheidung später so durchsetzen kann, wie dies im Zeitpunkt der fehlerhaften Entscheidung – gleichgültig aufgrund welcher Änderungsnorm – möglich gewesen wäre. **59**

Richard hat den ihm gegenüber erlassenen Einkommensteuerbescheid, in dem die Aufwendungen für das Jubiläum als verdeckte Gewinnausschüttung und damit als Einkünfte nach § 20 I Nr. 1 S. 2 EStG qualifiziert waren, mit Einspruch und anschließender Anfechtungsklage angegriffen. Das Finanzgericht hat den Einkommensteuerbescheid durch Urteil zu seinen Gunsten geändert. Aus dieser Änderung kann das FA gemäß § 174 IV 1, 2 AO die richtigen Folgerungen für die Körperschaftsteuer ziehen. Die Bestandskraft des Körperschaftsteuerbescheids ist insoweit durchbrochen. **60**

C. Festsetzungsverjährung

Die Änderung des Körperschaftsteuerbescheids ist nicht mehr zulässig, sobald die Festsetzungsfrist abgelaufen ist (**§§ 169 I 1, 47 AO**). Nach § 169 II 1 Nr. 2 AO beträgt die Festsetzungsfrist vier Jahre. **61**

I. Beginn der Festsetzungsfrist

Die Festsetzungsfrist beginnt gemäß § 170 I AO **grundsätzlich** mit Ablauf des Kalenderjahres, in dem die Steuer entstanden ist. Die Körperschaftsteuer ist eine Jahressteuer (§ 7 III 1 KStG). Sie entsteht gemäß §§ 30 Nr. 3, 31 I 1 KStG i.V.m. § 25 I EStG mit dem Ablauf des Veranlagungszeitraums. Dies war der 31.12.2011. **62**

Jedoch war die R.I.C.H. GmbH nach § 31 I 1 KStG i.V.m. § 25 III EStG verpflichtet, bis zum 31.5.2012 (§ 149 II 1 AO) eine **Körperschaftsteuererklärung** für den VZ 2011 abzugeben. Der Körperschaftsteuerbescheid wurde im Herbst 2012 erlassen. Daher ist davon auszugehen, dass die R.I.C.H. GmbH ihre Steuererklärung fristgemäß eingereicht hat. Folglich begann die Festsetzungsfrist gemäß § 170 II 1 Nr. 1 AO erst am 1.1.2013. **63**

II. Ablauf der Festsetzungsfrist

64 Demnach wäre die Festsetzungsfrist am 31.12.2016 abgelaufen (§ 108 I AO i.V.m. §§ 187 I, 188 II BGB). Eine Korrektur im Herbst 2017 wäre somit unzulässig (§ 169 I 1 AO), es sei denn, dass der Ablauf der Festsetzungsfrist insoweit gehemmt war.

1. Ablaufhemmung wegen Anfechtung eines Steuerbescheids

65 Nach **§ 171 IIIa 1 AO** läuft die Festsetzungsfrist nicht ab, bevor über den zulässigen Einspruch oder die Klage unanfechtbar entschieden ist. Dadurch wird sichergestellt, dass die Durchführung eines Rechtsbehelfsverfahrens nicht durch den Ablauf der Festsetzungsfrist sinnlos wird. Die Hemmung betrifft jedoch nur den Steueranspruch, der **Gegenstand des Rechtsbehelfsverfahrens** ist. Gegenstand des finanzgerichtlichen Verfahrens war nur der Einkommensteuerbescheid, nicht aber der Körperschaftsteuerbescheid. Hinsichtlich dessen Änderung gilt § 171 IIIa 1 AO nicht.

2. Grundlagenbescheid

66 Nach **§ 171 X 1 AO** endet die Festsetzungsfrist für einen sog. Folgebescheid nicht vor Ablauf von zwei Jahren nach Bekanntgabe des Grundlagenbescheids. Ein Grundlagenbescheid ist ein Feststellungsbescheid, dessen Feststellungen für andere Steuerbescheide bindend sind (§ 182 I 1 AO). Ein solches Verhältnis von Grundlagen- und Folgebescheid ist z. B. für die einheitliche und gesonderte Feststellung der Besteuerungsgrundlagen einer **Mitunternehmerschaft** (§ 180 I Nr. 2 lit. a AO) und den jeweiligen Einkommensteuerbescheiden der Mitunternehmer anzunehmen. Richard ist jedoch nicht als Mitunternehmer an einer Personengesellschaft beteiligt. Er war Alleingesellschafter der R.I.C.H. GmbH, deren Gewinn nicht der Einkommen-, sondern der Körperschaftsteuer unterliegt. Der Körperschaftsteuerbescheid enthält keine bindenden Feststellungen betreffend die Besteuerung des Einkommens der an der Körperschaft beteiligten Gesellschafter. Er ist somit kein Grundlagenbescheid i.S.d. § 171 X 1 AO.

3. Unbeachtlichkeit des Ablaufs der Festsetzungsfrist

67 Der Ablauf der Festsetzungsfrist (31.12.2016) könnte jedoch nach § 174 IV 3, 4 AO unbeachtlich sein. Wird ein Steuerbescheid nach § 174 IV 1, 2 AO geändert, können die richtigen steuerlichen Folgerungen für einen anderen Steuerbescheid innerhalb eines Jahres nach der Änderung des fehlerhaften Steuerbescheids gezogen werden (§ 174 IV 3 AO). Der Einkommensteuerbescheid wurde vom Finanzgericht im Sommer 2017 geändert. Demnach könnte der nunmehr

inhaltlich widersprechende Körperschaftsteuerbescheid der R.I.C.H. GmbH für den VZ 2011 bis zum Sommer 2018 an die richtige Rechtslage angepasst werden.

Rechtstechnisch enthält **§ 174 IV 3 AO** trotz der Formulierung, dass 68
der Ablauf der Festsetzungsfrist unbeachtlich sei, nur eine Ablaufhemmung. Die Hemmung bewirkt, dass der planmäßige Eintritt der Festsetzungsverjährung hinausgeschoben wird. Eine Hemmung kann demnach nicht mehr eintreten, wenn die Festsetzungsfrist bereits abgelaufen ist. Die Festsetzungsfrist für die Körperschaftsteuer endete am 31.12.2016 und damit vor der Änderung des Einkommensteuerbescheids durch das Finanzgericht im Sommer 2017. Für diese Fälle wird § 174 IV 3 AO durch **§ 174 IV 4 AO** dahingehend ergänzt, dass der Ablauf der Festsetzungsfrist unbeachtlich ist und der Steuerbescheid geändert werden kann, wenn der Sachverhalt erkennbar in der Annahme nicht berücksichtigt wurde, so dass er in einem anderen Steuerbescheid zu berücksichtigen ist. Erkennbar bedeutet, dass der Steuerpflichtige bei verständiger Würdigung des rechtsfehlerhaften Bescheids und der dazugehörigen Unterlagen erkennen konnte, dass der streitige Vorgang nicht berücksichtigt wurde, weil das FA von der Annahme einer anderweitigen Erfassung ausging.

Das FA hatte die Aufwendungen für die Jubiläumsfeier im Körper- 69
schaftsteuerbescheid bewusst als verdeckte Gewinnausschüttung (§ 8 III 2 KStG) behandelt. Unter verständiger Würdigung des Körperschaftsteuerbescheids und der dazu gehörigen Erläuterungen hätte Richard, dessen Wissen der R.I.C.H. GmbH analog § 166 I BGB zugerechnet wird, erkennen können, dass das FA die Aufwendungen für die Jubiläumsfeier bei ihm im Rahmen der Einkommensbesteuerung als Einnahmen aus einer verdeckten Gewinnausschüttung (§ 20 I Nr. 1 S. 2 EStG) berücksichtigen wollte. Aufgrund der Erkennbarkeit ist dem Vertrauensschutz ausreichend Rechnung getragen; der Ablauf der Festsetzungsfrist ist somit nach § 174 IV 4 AO unbeachtlich.

D. Ergebnis

Das FA ist im Herbst 2017 noch berechtigt, den Körperschaftsteu- 70
erbescheid 2011 an die materiell richtige Steuer anzupassen.

Zur Vertiefung:

🕮 *Dillberger/Fest*, Einkommensteuer und Abgabenordnung, 3. Aufl. 2016, Rn. 97 ff., 141 ff., 182 ff., 353 ff., 478 ff., 607 ff.

Fall 4. Ein Traum im Grünen

Sachverhalt

Teil 1:

Max lebte mit seiner Freundin in München, träumte jedoch von einem Häuschen im Grünen. Nach längerem Suchen fand er eine günstige Immobilie (Baujahr 1970, Gesamtwohnfläche 300 m^2) in der Nähe von Ebersberg, östlich von München. Der Eigentümer, ein älterer Herr, war bereit, diese für 300.000 Euro (120.000 Euro entfielen auf den Grund und Boden) zu verkaufen. Zur Finanzierung nahm Max ein Darlehen i.H.v. 100.000 Euro auf. Nutzen und Lasten gingen zum 1.1.2017 über.

Aufgrund des verlängerten Arbeitswegs blieb Max in Absprache mit seinem Arbeitgeber regelmäßig freitags daheim und erledigte seine Aufgaben von zu Hause (sog. Telearbeit). Zu diesem Zweck hatte er sich in seinem Hobbykeller durch eine Schrankwand eine Arbeitsecke (10 m^2) abgetrennt und dort einen Schreibtisch und PC aufgestellt. Diesen Arbeitsbereich nutzte er ausschließlich beruflich. Als Angestellter verdient Max 50.000 Euro brutto im Jahr.

In dem Haus befand sich neben der Hauptwohnung eine vermietete Einliegerwohnung (100 m^2). In das Mietverhältnis mit Dieter trat Max mit dem Erwerb des Grundstücks ein. Im Jahr 2017 vereinnahmte er auf diese Weise eine Miete i.H.v. 9.600 Euro sowie 900 Euro Umlagen für Wasserverbrauch, Müllabfuhr, Hausmeisterservice etc. Außerdem übernahm er vom Voreigentümer die auf ein gesondertes Konto eingezahlte Mietkaution i.H.v. 2.400 Euro. Als Werbungskosten erklärte er Zahlungen an die Bank wegen des aufgenommenen Darlehens i.H.v. 12.000 Euro (3.000 Euro Tilgung, 9.000 Euro Schuldzinsen), für die Immobilie geleistete Grundsteuer und Versicherungsbeiträge i.H.v. insgesamt 1.320 Euro sowie die von Dieter erhaltenen Umlagen i.H.v. 900 Euro.

Im Sommer 2017 ließ Max die alte Ölheizung zugunsten einer energieeffizienteren Heizungsanlage austauschen. Hierfür fielen Gesamtkosten i.H.v. 12.000 Euro an. Zum besseren Wärmeschutz ließ er außerdem in der Einliegerwohnung für 4.000 Euro die alten Holzrahmenfenster durch moderne Verbundglasfenster ersetzen.

Um einen Beitrag zum Umweltschutz zu leisten, ließ Max am 1.7.2017 auf dem Dach des Hauses Photovoltaikzellen montieren (gewöhnliche Nutzungsdauer zwanzig Jahre). Diese wurden im Abstand von wenigen Zentimetern zu den Dachziegeln angebracht (Investitionskosten 12.000 Euro). Die Aufwendungen finanzierte er durch ein Darlehen i.H.v. 10.000 Euro. Auf dieses zahlte er im Jahr 2017 Zinsen i.H.v. 250 Euro. Außerdem tilgte er 500 Euro. Für den Bau der Photovoltaikanlage erhielt Max öffentliche Fördermittel i.H.v. 2.000 Euro. Für die Stromeinspeisung in das öffentliche Netz erhielt Max eine Vergütung i.H.v. 400 Euro.

Teil 2:

Max Freundin Bettina ist seit 2009 als selbstständige Rechtsanwältin tätig. Am 7.5.2015 gab das zuständige FA gestützt auf § 193 I AO eine Prüfungsanordnung gegen Bettina betreffend ihrer freiberuflichen Einkünfte in den VZ 2011 bis 2013 zur Post. Der Bescheid wurde mit Ablauf der Einspruchsfrist bestandskräftig.

Da Bettina im Rahmen der Betriebsprüfung nicht ausreichend kooperierte, wurde sie vom FA mit Bescheid vom 16.3.2017 aufgefordert, bis Ende April 2017 folgende Unterlagen für die zu prüfenden Jahre vorzulegen: Eingangs- und Ausgangsrechnungen, Kontoauszüge und Kassenbücher, detaillierte Aufzeichnungen über die Einnahmen und Ausgaben sowie Aufzeichnungen über Umbuchungen. Für den Fall der Nichtbeachtung drohte das FA – gegliedert nach den einzelnen Unterlagen – ein Zwangsgeld i.H.v. insgesamt 8.000 Euro an.

Bettina hat derartige Aufzeichnungen nicht geführt. Sie ist der Ansicht, dass sie als selbstständige Rechtsanwältin dazu auch nicht verpflichtet gewesen sei. Immerhin ermittle sie ihren Gewinn im Wege der Einnahmen-Überschuss-Rechnung. Jedenfalls verbiete es ihre anwaltliche Verschwiegenheitspflicht, Unterlagen herauszugeben.

Bearbeitervermerk:

Teil 1: In einem Gutachten, das auf alle aufgeworfenen Rechtsfragen eingeht, ist der Gesamtbetrag der Einkünfte von Max für den VZ 2017 zu ermitteln. Dabei ist von Finanzierungskosten für die Photovoltaikanlage in der Totalperiode i.H.v. 4.000 Euro auszugehen. Auf umsatzsteuerliche Fragen ist nicht einzugehen.

Teil 2: Kann Bettina am 10.4.2017 gegen die Maßnahmen der Finanzverwaltung mit Erfolg vorgehen?

Gliederung

Teil 1:

A. Persönliche Steuerpflicht
B. Einkünfte aus Vermietung und Verpachtung
   I. Steuerbare Tätigkeit
   II. Einnahmen
      1. Bruttoprinzip
      2. Mietkaution
   III. Werbungskosten
      1. Leistungen an die Bank
      2. Grundsteuer und Versicherung
      3. Nebenkosten
      4. Austausch der Fenster und der Heizungsanlage
         a) Erhaltungsaufwand
         b) Standardsprung
         c) Anschaffungsnahe Herstellungskosten
      5. Abschreibung für Abnutzung
   IV. Ergebnis
C. Einkünfte aus Gewerbebetrieb
   I. Steuerbare Tätigkeit
      1. Abgrenzung zur Vermietung und Verpachtung
      2. Liebhaberei
      3. Keine gewerbliche Infizierung der Vermietungseinkünfte
   II. Gewinnermittlung
   III. Betriebseinnahmen
   IV. Betriebsausgaben
      1. Finanzierungskosten
      2. Abschreibung für Abnutzung
   V. Ergebnis
D. Einkünfte aus nichtselbständiger Arbeit
   I. Steuerbare Tätigkeit und Einnahmen
   II. Aufwand für die Arbeitsecke
   III. Ergebnis
E. Gesamtbetrag der Einkünfte im VZ 2017

Teil 2:

A. Vorgehen gegen die Prüfungsanordnung

B. Vorgehen gegen die Aufforderungen zur Urkundenvorlage
   I. Formelle Rechtmäßigkeit
   II. Rechtsgrundlage
   III. Materielle Rechtmäßigkeit, Ermessen
      1. Vorlage der Kassenbücher und der Aufzeichnungen über Umbuchungen
      2. Übrige Vorlageverlangen
         a) Bestimmtheit
         b) Verhältnismäßigkeit
         c) Vorlageverweigerungsrecht
   IV. Ergebnis
C. Vorgehen gegen die Androhung des Zwangsgeldes

Lösung

Teil 1:

A. Persönliche Steuerpflicht

Max ist eine natürliche Person mit Wohnsitz (§ 8 AO) im Inland. Er ist nach § 1 I 1 EStG unbeschränkt einkommensteuerpflichtig. 1

B. Einkünfte aus Vermietung und Verpachtung

Mit dem selbst genutzten Teil des Hauses wurden keine Einkünfte erzielt. Ein Abzug der auf diesen Teil entfallenden Ausgaben scheidet damit aus. Mit der **Vermietung der Einliegerwohnung** könnte Max jedoch Einkünfte aus Vermietung und Verpachtung (§ 2 I Nr. 6 i.V.m. § 21 I Nr. 1 EStG) erzielt haben. 2

I. Steuerbare Tätigkeit

Die Einliegerwohnung ist ein Gebäudeteil. Obwohl die Wohnung nicht sonderrechtsfähig ist, kann sie schuldrechtlich zum Gegenstand eines Mietvertrags gemacht werden. In diesen ist Max mit dem Eigentumsübergang des Grundstücks eingetreten (**§ 566 I BGB**). Mit der Fortführung des Mietvertrags erfüllt er den Tatbestand des § 21 I Nr. 1 EStG und erzielt Einkünfte aus Vermietung und Verpachtung. Zu ermitteln ist der Überschuss der Einnahmen über die Werbungskosten (§ 2 II 1 Nr. 2 i.V.m. den §§ 8, 9 EStG). 3

II. Einnahmen

1. Bruttoprinzip

4 Einnahmen sind gemäß § 8 I EStG alle Güter, die in Geld oder Geldeswert bestehen und deren Zufluss durch die steuerbare Tätigkeit veranlasst ist. Dies trifft sowohl auf die monatliche (§ 11 I 2 EStG) **Miete** i.H.v. 9.600 Euro als auch auf die vereinnahmten **Umlagen** i.H.v. 900 Euro zu. Letztere wurden zwar von Max an die jeweiligen Empfänger weitergeleitet und waren daher im Ergebnis für ihn nur durchlaufende Posten. Eine Saldierung bereits auf Ebene der Einnahmenermittlung mit den durch Max gleichzeitig geleisteten Abgaben sieht das Einkommensteuerrecht insbesondere unter den Voraussetzungen von § 4 III 2 EStG vor. Zum einen findet die Vorschrift auf Überschusseinkünfte keine Anwendung, zum anderen sind die tatbestandlichen Voraussetzungen nicht gegeben, da Max als Vermieter die Zahlungen im eigenen Namen und auf eigene Rechnung vereinnahmt. Darüber hinaus können nur durch eine solche gesonderte Betrachtungsweise etwaige Unterschiede festgestellt werden (sog. **Bruttoprinzip**).

+ 10.500 Euro

2. Mietkaution

5 Außerdem übernahm Max die von seinem Mieter an den Voreigentümer geleistete Mietkaution. Diese wird pflichtgemäß (§ 551 III BGB) auf einem gesonderten Konto geführt. Nur wenn und erst sobald der **Kautionsfall** eintritt, darf Max als Vermieter auf die Kaution zugreifen. Bis dahin steht die treuhänderisch verwaltete Kaution dem Mieter zu. Folglich hat Max über die Kaution keine wirtschaftliche Verfügungsmacht (§ 11 I 1 EStG) erlangt. Er ist insoweit nicht bereichert.

III. Werbungskosten

5 Nach dem Wortlaut des § 9 I 1 EStG sind Werbungskosten alle Aufwendungen zur Erwerbung, Sicherung und Erhaltung der Einnahmen. Trotz finaler Formulierung wird die Norm zur Gleichbehandlung der Überschusseinkünfte mit den Gewinneinkünften nach dem **Veranlassungsprinzip** ausgelegt (Art. 3 I GG, § 4 IV EStG analog). Werbungskosten sind daher solche Aufwendungen, die subjektiv zur Förderung und objektiv durch die jeweilige Einkunftsart veranlasst sind.

1. Leistungen an die Bank

6 Fraglich ist, ob die Zahlungen an die Bank in vollem Umfang als Werbungskosten angesetzt werden können. Sie untergliedern sich in Til-

gungsleistungen i.H.v. 3.000 Euro und Zinsen i.H.v. 9.000 Euro. Die **Tilgungszahlungen** bewirken lediglich Umschichtungen im Vermögensstock und können nicht als Werbungskosten abgezogen werden. Sie sind aber als Anschaffungskosten Teil der AfA-Bemessungsgrundlage (s. u.).

Im Unterschied dazu sind **Schuldzinsen** gemäß § 9 I 3 Nr. 1 S. 1 EStG als Werbungskosten abziehbar, soweit sie sich auf die vermietete Wohnung beziehen und daher durch die Einkunftsart veranlasst sind. Das Darlehen wurde zur Finanzierung der gesamten Immobilie aufgenommen. Eine Zuordnung ausschließlich zum Erwerb der vermieteten Wohnung erfolgte nicht. Da die vermietete Wohnung (100 m^2) ⅓ der Gesamtwohnfläche (300 m^2) einnimmt, dürfen nur ⅓ der Darlehenszinsen als Werbungskosten zum Abzug gebracht werden. Ein Ansatz darf daher nur i.H.v. 3.000 Euro erfolgen. 7

./. 3.000 Euro

2. Grundsteuer und Versicherung

Die Grundsteuer und die Versicherungsbeiträge sind gemäß **§ 9 I 3 Nr. 2 EStG** typisierte Werbungskosten und insoweit abzugsfähig, als sie durch die steuerbare Tätigkeit veranlasst sind. Da sich auch die Grundsteuer und die Gebäudeversicherung auf die gesamte Immobilie beziehen, ist auch hier nur der auf die Wohnung entfallende Aufwand i.H.v. 440 Euro (= ⅓ von 1.320 Euro) abzugsfähig. 10

./. 440 Euro

3. Nebenkosten

Die Gebühren für Wasser, Müllabfuhr und Hausmeisterservice etc. sind ebenfalls als Werbungskosten gemäß § 9 I 1 EStG zu berücksichtigen. Als öffentliche Abgaben fallen die Müllgebühren sogar unter den typisierenden Tatbestand des **§ 9 I 3 Nr. 2 EStG**. Da die Nebenkosten ausschließlich auf die vermietete Wohnung entfielen, erfolgt ein Abzug in voller Höhe. 11

./. 900 Euro

4. Austausch der Fenster und der Heizungsanlage

Fraglich ist, ob die Aufwendungen für den Austausch der Fenster und der Heizungsanlage – soweit sie auf die vermietete Wohnung entfallen – als Erhaltungsaufwand gemäß § 9 I 1 EStG im VZ des Abflusses (§ 11 II 1 EStG) angesetzt werden können oder im Wege der AfA über die gewöhnliche Nutzungsdauer zu verteilen sind. 12

a) Erhaltungsaufwand

13 Erhaltungsaufwand ist von einem möglichen Herstellungsaufwand abzugrenzen, der lediglich über die AfA abgeschrieben werden darf. Der Begriff der Herstellungskosten ist auch im Bereich der Überschusseinkünfte der handelsrechtlichen Vorschrift des **§ 255 II 1 HGB** zu entnehmen (§§ 9 I 3 Nr. 7 S. 2, 6 II 1 EStG). Zu den Herstellungskosten zählen danach die Aufwendungen für die Herstellung eines Vermögensgegenstands (§ 255 II 1 Var. 1 HGB), für seine Erweiterung (§ 255 II 1 Var. 2 HGB) und die Aufwendungen, die für eine über seinen ursprünglichen Zustand hinausgehende wesentliche Verbesserung entstehen (§ 255 II 1 Var. 3 HGB). Als Erhaltungsaufwand gelten demgegenüber Aufwendungen für die laufende Instandhaltung und Instandsetzung. Demnach ist auch die Erneuerung von bereits in den Herstellungskosten des Gebäudes enthaltenen Teilen regelmäßig eine Form der Erhaltung und damit des sofort abzugsfähigen Erhaltungsaufwands. Dies gilt z. B. für den Austausch einer veralteten Heizungsanlage oder den Einbau von mehrfach anstelle von einfach verglasten Fenstern.

b) Standardsprung

14 Von diesem Grundsatz ist ausnahmsweise abzuweichen, wenn der Umfang des Erhaltungsaufwands einen sog. Standardsprung bewirkt. Dies ist der Fall, wenn eine wesentliche Verbesserung i.S.d. § 255 II 1 Var. 3 HGB eintritt, da das Nutzungspotential und damit der Gebrauchswert der bestehenden Substanz durch die Maßnahme in wesentlichem Umfang gehoben werden. In diesen Fällen wird nicht nur Altes renoviert, sondern Neues hergestellt, so dass die Aufwendungen als Herstellungskosten zu betrachten sind. Eine derartige wesentliche Verbesserung ist im Rahmen der Einkünfte aus der Vermietung einer Wohnimmobilie jedenfalls anzunehmen, wenn **mindestens drei der vier Kernbereiche** grundlegend erneuert werden. Zu den vier Kernbereichen gehören die Elektroeinrichtungen, die Heizung, die sanitären Anlagen und die Fenster. Vorliegend wurden die Heizungsanlage und die Fenster ausgetauscht. Betroffen sind damit nur zwei der vier Kernbereiche, so dass keine wesentliche Verbesserung vorliegt. Folglich sind die Aufwendungen auch unter Anwendung der Grundsätze zum sog. Standardsprung sofort abzugsfähige Renovierungs- und Erhaltungskosten.

c) Anschaffungsnahe Herstellungskosten

15 Die Aufwendungen könnten aber als sog. anschaffungsnahe Herstellungskosten zu aktivieren sein. Diese sind gesetzlich in **§ 6 I Nr. 1a EStG** für die Gewinneinkünfte geregelt, gelten aber gemäß § 9 V 2

EStG auch für die Einkünfte aus Vermietung und Verpachtung. Von anschaffungsnahen Herstellungskosten ist auszugehen, wenn Aufwendungen für die Instandsetzung und Modernisierung innerhalb von drei Jahren nach Anschaffung der Immobilie getätigt werden und 15 % der Anschaffungskosten des Gebäudes übersteigen. Der **3-Jahres-Zeitraum** ist unproblematisch eingehalten.

Die Anschaffungskosten für die Immobilie betrugen insgesamt 16
300.000 Euro, wovon 120.000 auf den Grund und Boden entfielen. Der AfA unterliegt nur das Gebäude, nicht aber der Grund und Boden. Demgemäß nennt § 6 I Nr. 1a EStG nur das „Gebäude". Die Anschaffungskosten für das gesamte Gebäude betrugen 180.000 Euro. Auf die Einliegerwohnung entfällt ⅓ der Gesamtfläche, so dass die Anschaffungskosten für die Einliegerwohnung 60.000 Euro (= 180.000 Euro x ⅓) betrugen. Die **15 %-Grenze** i.S.d. § 6 I Nr. 1a EStG liegt daher bei Renovierungskosten i.H.v. 9.000 Euro.

Bei der Beurteilung, ob die getätigten Aufwendungen die 15 %- 17
Grenze übersteigen, ist ebenfalls nur der auf das Mietobjekt entfallende Anteil zu berücksichtigen. Da der Austausch der Fenster ausschließlich in der vermieteten Wohnung vorgenommen wurde, ist dieser Aufwand vollumfänglich i.H.v. 4.000 Euro anzusetzen. Der Austausch der Heizungsanlage diente hingegen sowohl der selbst genutzten als auch der vermieteten Wohnfläche. Die Kosten der Heizungsanlage sind daher nur anteilig i.H.v. 4.000 (= 12.000 Euro x ⅓) durch die Vermietung veranlasst. Die auf die Einliegerwohnung entfallenden Aufwendungen i.H.v. 8.000 Euro (= 4.000 Euro + 4.000 Euro) übersteigen die 15 %-Grenze nicht und sind daher als (sofort abziehbare) Werbungskosten im Rahmen der Vermietung und Verpachtung anzusetzen.

./. 8.000 Euro

5. Abschreibung für Abnutzung

Als Werbungskosten im Rahmen der Einkünfte aus Vermietung und 18
Verpachtung ist auch die AfA gemäß **§ 9 I 3 Nr. 7 i.V.m. § 7 EStG** zu beachten, da die Wohnung einen selbständig nutzbaren Gebäudeteil darstellt. Die Anschaffungskosten der Immobilie betragen 300.000 Euro. Da der Grund und Boden kein abnutzbares Wirtschaftsgut darstellt, ist der auf ihn entfallende Betrag (120.000 Euro) nicht Teil der Bemessungsgrundlage (§ 7 I 1 EStG). Von den verbleibenden 180.000 Euro Anschaffungskosten entfallen auf die vermietete Wohnfläche (100 m^2) 60.000 Euro (= 180.000 Euro x ⅓). Dieser Betrag bildet die Bemessungsgrundlage der AfA.

Der **AfA-Satz** beträgt für das zum Privatvermögen gehörende und 19
nach dem 31.12.1924 fertiggestellte Gebäude bei einer linearen Abschreibung 2 % der Anschaffungskosten (§ 7 Va EStG i.V.m. § 7 IV 1

Nr. 2 lit. a EStG). Eine degressive AfA nach § 7 V EStG ist ausgeschlossen, da das Gebäude vom Steuerpflichtigen erst zum 1.1.2017 angeschafft wurde. Die lineare AfA darf nur zeitanteilig und damit pro rata temporis angesetzt werden (§ 7 I 4 EStG). Aufgrund der Anschaffung zum 1.1.2017 ist für den VZ 2017 die gesamte Jahres-AfA i.H.v. 1.200 Euro (= 2 % von 60.000 Euro) anzusetzen.

./. 1.200 Euro

IV. Ergebnis

20 Mit Einnahmen i.H.v. 10.500 Euro und Werbungskosten i.H.v. 13.540 Euro (= 3000 Euro + 440 Euro + 900 + 8.000 Euro + 1.200 Euro), erzielte Max im VZ 2017 negative Einkünfte i.H.v. 3.040 Euro.

C. Einkünfte aus Gewerbebetrieb

21 Mit der Einspeisung von Strom in das öffentliche Stromnetz könnte Max steuerbare Einkünfte aus Gewerbebetrieb erzielt haben.

I. Steuerbare Tätigkeit

22 Nach dem Gesetz für den Vorrang Erneuerbarer Energien (EEG) sind die Netzbetreiber verpflichtet, Photovoltaikanlagen an ihr Netz anzuschließen, den angebotenen Strom vorrangig abzunehmen und den eingespeisten Strom mit einem gesetzlich festgelegten Mindestpreis pro Kilowattstunde zu vergüten. Steuerlich könnte hierbei von einer **gewerblichen Betätigung** auszugehen sein, wenn Max selbständig, nachhaltig und mit Gewinnerzielungsabsicht am allgemeinen wirtschaftlichen Verkehr teilnimmt (§ 15 II 1 EStG) und keine private Vermögensverwaltung ausübt.

1. Abgrenzung zur Vermietung und Verpachtung

23 Bei der Einspeisung handelt es sich um eine selbständige und nachhaltige Tätigkeit, da der Steuerpflichtige auf dem Strommarkt als Produzent in Erscheinung tritt und sich durch die Einspeisung des Stroms an eine – wenn auch eingeschränkte – Allgemeinheit wendet. Dadurch nimmt er am **allgemeinen wirtschaftlichen Verkehr** teil.

24 Die Einspeisung von Strom könnte jedoch eine Form der Vermietung und Verpachtung darstellen. Die **private Vermögensverwaltung** (§ 14 S. 3 AO) ist ein ungeschriebenes negatives Tatbestandsmerkmal des § 15 II 1 EStG, das gegenüber der gewerblichen Betätigung subsidiär zurücktritt (§ 21 III EStG). Nach einer Ansicht ist die Einspeisungsvergütung eine Einnahme aus Vermietung und Verpachtung,

wenn das Objekt, auf welchem die Photovoltaikanlage montiert ist, der Erzielung von Einkünften i.S.d. § 21 I Nr. 1 EStG dient. Als Einnahmen aus Vermietung und Verpachtung seien alle geldwerten Zuflüssen anzusetzen, die im Zusammenhang mit der Einkunftsquelle stehen, durch sie erzielt werden und keiner anderen vorrangigen Einkunftsart zuzurechnen sind. Dabei wird jedoch verkannt, dass die Einspeisung von Strom für sich genommen eine selbständige unternehmerische Betätigung darstellt. Dies gilt auch dann, wenn der Grundstückseigentümer auf dem ansonsten vermieteten Grundstück eine Anlage zur Erzeugung von Strom aus Sonnenenergie betreibt. Nur soweit er Teile des Grundstücks einem Energieerzeugungsunternehmen überlässt, damit dieses Solarmodule zur Stromgewinnung aufstellt, unterfiele die Betätigung § 21 I Nr. 1 EStG.

2. Liebhaberei

Fraglich ist weiterhin, ob Max die Gewinnung und Einspeisung von Strom in das öffentliche Stromnetz mit der erforderlichen **Gewinnerzielungsabsicht** durchführt. Diese ist ein Merkmal aller Einkunftsarten und für die gewerbliche Tätigkeit in § 15 II 1 EStG sogar ausdrücklich kodifiziert. Fehlt dieses subjektive Element, handelt es sich bei der Unternehmung um steuerlich unbeachtliche Liebhaberei. Die Gewinnerzielungsabsicht ist einzelfallbezogen unter Berücksichtigung der individuellen Leistungsdaten der Anlage, der erhaltenen Fördermittel und der getätigten Investition zu bestimmen. Dabei ist von einer gewöhnlichen Nutzungsdauer von zwanzig Jahren auszugehen, die als Totalgewinnperiode zugrunde zu legen ist. Max hat 12.000 Euro investiert und während sechs Betriebsmonaten im Jahr 2017 Einnahmen i.H.v. 400 Euro erzielt. Damit ist von Einnahmen in der Totalperiode i.H.v. 16.000 Euro (= 20 Jahre x 800 Euro) auszugehen. Außerdem erhielt er Fördermittel i.H.v. 2.000 Euro. In der Totalperiode fallen als Ausgaben Investitionskosten i.H.v. 12.000 Euro und Finanzierungskosten i.H.v. 4.000 Euro an. Damit wird in der Totalperiode voraussichtlich ein Überschuss i.H.v. 2.000 Euro erzielt. Folglich ist der Betrieb objektiv auf Gewinnerzielung angelegt, eine Liebhaberei also zu verneinen. 25

3. Keine gewerbliche Infizierung der Vermietungseinkünfte

Durch den Betrieb der Photovoltaikanlage als gewerbliche Einkünfte könnten die Einnahmen aus der Vermietung der Einliegerwohnung (s. o.) derart „infiziert" werden, dass auch sie als gewerbliche Einkünfte zu behandeln sind und demgemäß in Einkünfte aus § 15 I 1 Nr. 1 EStG umqualifiziert werden müssen. Nach **§ 15 III Nr. 1 EStG** gilt ein Gewerbebetrieb in vollem Umfang als gewerbliche Tätigkeit, wenn eine Mitunternehmerschaft auch gewerbliche Einkünfte bezieht. Vor- 26 liegend wird Max jedoch als Einzelperson tätig. Damit kann er ohne Weiteres sowohl Einkünfte aus Vermietung und Verpachtung als auch aus Gewerbebetrieb mit derselben Immobilie erzielen. Problematisch wäre dies nur, wenn die Immobilie im Miteigentum von Max und Bettina stünde und eine Mitunternehmerschaft anzunehmen wäre.

II. Gewinnermittlung

27 Trotz des Betriebs der Photovoltaikanlage ist Max kein Kaufmann i.S.d. § 1 HGB und daher nicht nach § 238 I 1 HGB buchführungspflichtig. Auch die steuerlichen Gewinn- und Umsatzgrenzen (§ 141 I 1 AO) werden nicht überschritten, so dass Max seinen Gewinn aus dem Betrieb der Photovoltaikanlage mittels **Einnahmen-Überschuss-Rechnung** (§ 4 III 1 EStG) ermitteln darf.

III. Betriebseinnahmen

28 Betriebseinnahmen sind alle Zuflüsse in Geld oder Geldeswert, die durch die betriebliche Betätigung veranlasst sind (§§ 4 IV, 8 I EStG analog). Die **Einspeisungsvergütung** i.H.v. 400 Euro ist eine solche Betriebseinnahme.

+ 400 Euro

29 Fraglich ist jedoch, ob die **öffentlichen Investitionszuschüsse** ebenfalls Betriebseinnahmen sind. Bejahendenfalls, würden sie den im VZ 2017 erwirtschafteten Gewinn erhöhen und wären nach dem EStG steuerbar. Die einmalige Mehrbelastung würde jedoch dem Förderzweck widersprechen. Daher sind öffentliche Zuschüsse – obwohl sie durch die gewerbliche Betätigung veranlasst sind – keine Betriebseinnahmen. Vielmehr werden sie zur Entlastung des Steuerpflichtigen von den Anschaffungs- und Herstellungskosten abgezogen und damit nur im Rahmen der AfA-Bemessungsgrundlage berücksichtigt (siehe Rn. 34).

IV. Betriebsausgaben

30 Betriebsausgaben sind Ausgaben, die durch die gewerbliche Tätigkeit veranlasst sind (§ 4 IV EStG).

1. Finanzierungskosten

31 Die Darlehensvaluta hat Max zum Erwerb der Photovoltaikanlage verwendet. Seine Tilgungsleistungen bewirken erfolgsneutrale Vermögensumschichtungen; sie finden als Anschaffungskosten Eingang in die AfA-Bemessungsgrundlage (siehe Rn. 34). Im Unterschied dazu sind die Zinszahlungen – wie auch im Rahmen der Überschusseinkünfte (§ 9 I 3 Nr. 1 EStG) – als Betriebsausgaben absetzbar (§ 4 IV EStG).

./. 250 Euro

2. Abschreibung für Abnutzung

Des Weiteren kann Max AfA geltend machen. Dabei ist fraglich, welche AfA-Methode der Abschreibung zugrunde zu legen ist. Dies ist davon abhängig, ob die Photovoltaikanlage als Gebäudebestandteil und damit als unbewegliches Wirtschaftsgut (§ 7 IV, V EStG) oder als bewegliches Wirtschaftsgut (§ 7 I–III EStG) anzusehen ist. Maßgebend für die Beurteilung ist die Art der Installation. Wird die Anlage anstelle von Dachziegeln eingebaut und erfüllt sie auch die Funktion eines Dachs (sog. **Indachanlage**), wird sie auch steuerrechtlich zu einem unbeweglichen Wirtschaftsgut und ist als Gebäudebestandteil nach § 7 IV, V EStG zu behandeln. Max hat die sog. **Aufdachmethode** gewählt. Bei dieser werden die Solarmodule mit einer Trägerkonstruktion auf die bestehenden Dachziegel montiert. Da im Rahmen dieser Konstruktion bereits ein Dach besteht, übernimmt die Photovoltaikanlage nicht die Funktion des Dachs und bleibt daher zivilrechtlich ein sonderrechtsfähiges, bewegliches Wirtschaftsgut i.S.d. § 94 II BGB. Nach der wirtschaftlichen Betrachtungsweise des Steuerrechts (§ 39 I, II AO) ist ebenfalls von einem selbständig nutzbaren beweglichen Wirtschaftgut auszugehen, da kein Funktionszusammenhang mit dem Gebäude besteht. 32

Aufgrund der Aufdachkonstruktion ist Max Photovoltaikanlage gemäß § 7 I EStG **linear** abzuschreiben. Die degressive AfA nach § 7 II 1EStG ist auf Wirtschaftsgüter beschränkt, die vor dem 1.1.2011 angeschafft wurden. Die Photovoltaikanlage hat Max aber erst im Sommer 2017 errichtet, so dass eine degressive AfA ausscheidet. 33

Die Anschaffungs- und Herstellungskosten betrugen 12.000 Euro. Der Betrag ist jedoch um den öffentlichen Förderzuschuss i.H.v. 2.000 Euro zu mindern. Damit verbleibt eine **AfA-Bemessungsgrundlage** i.H.v. 10.000 Euro. Ausgehend von einer betriebsgewöhnlichen Nutzungsdauer von zwanzig Jahren ergibt sich bei linearer Abschreibung (5 % p. a.) eine jährliche AfA-Rate i.H.v. 500 Euro. Diese ist im Jahr der Inbetriebnahme nur zeitanteilig pro rata temporis anzusetzen (§ 7 I 4 EStG i.V.m. § 9a EStDV). Da die Anlage erst zum 1.7.2017 angeschafft wurde, ist der Jahresbetrag hälftig zu kürzen, so dass nur 250 Euro als Betriebsausgaben angesetzt werden dürfen. 34

./. 250 Euro

V. Ergebnis

35 Im VZ 2017 hat Max mit der Photovoltaikanlage negative Einkünfte aus Gewerbebetrieb (§ 15 I 1 Nr. 1 EStG) i.H.v. 100 Euro (= 400 Euro ./. 500 Euro) erzielt.

D. Einkünfte aus nichtselbständiger Arbeit

I. Steuerbare Tätigkeit und Einnahmen

36 Weiterhin könnte Max Einkünfte aus nichtselbständiger Tätigkeit erzielt haben. Er ist als Angestellter in einem Unternehmen tätig, mithin Arbeitnehmer i.S.d. § 1 I 1 LStDV. Alle Einnahmen, die ihm aus seinem Dienstverhältnis zufließen, sind als Einkünfte nach § 19 I 1 Nr. 1 EStG steuerbar. Nach § 2 II 1 Nr. 2 EStG sind die Einkünfte als **Überschuss** der Einnahmen (§ 8 EStG) über die Werbungskosten (§ 9 EStG) zu ermitteln.

37 Steuerbarer **Arbeitslohn** nach § 19 I 1 Nr. 1 EStG und § 2 I 1 LStDV sind alle Einnahmen i.S.v. § 8 I EStG, die dem Arbeitnehmer aus dem Dienstverhältnis zufließen. Dazu gehört insbesondere das Gehalt, das er als Entlohnung für die Bereitstellung seiner Arbeitskraft erhält. Im VZ 2017 hat Max Einnahmen i.H.v. 50.000 Euro erzielt. Die vom Einkommen zu entrichtenden Steuern, insbesondere die Lohnsteuer, mindern die Einkünfte nicht, § 12 Nr. 3 EStG.

+ 50.000 Euro

II. Aufwand für die Arbeitsecke

38 Die Kosten für die Arbeitsecke könnten als Werbungskosten Berücksichtigung finden. Werbungskosten sind gemäß § 9 I 1 EStG alle Aufwendungen, die subjektiv zur Förderung der beruflichen Tätigkeit aufgewendet werden und objektiv mit ihr in einem Zusammenhang stehen (Art. 3 I GG, analog § 4 IV EStG). Einem Abzug könnte **§ 12 Nr. 1 S. 2 EStG** entgegenstehen, da der Hobbykeller von Max sowohl privat als auch beruflich genutzt wurde. Um missbräuchliche Gestaltungen zu verhindern, wird bei gemischten Aufwendungen ein Abzug regelmäßig umfassend verweigert, wenn nicht zumindest Schätzungskriterien eine Aufteilung ermöglichen. Denkbar wäre es, die Arbeitsecke schätzweise nach der Anzahl der Quadratmeter (10 m^2) gesondert als ausschließlich beruflich genutzt zu behandeln. Eine gemischte Aufwendung läge dann nicht vor. Nach dem objektiven Nettoprinzip wären die Kosten der Arbeitsecke damit Werbungskosten.

39 Fraglich ist jedoch, inwieweit **§ 4 V 1 Nr. 6b S. 1 EStG**, der über § 9 V 1 EStG auch auf Einkünfte aus nichtselbständiger Arbeit An-

wendung findet, einem Abzug entgegensteht. Danach ist der Abzug der Aufwendungen für ein häusliches Arbeitszimmer sowie der Kosten der Ausstattung grundsätzlich unzulässig. Auch wenn die Norm unmittelbar nur für Arbeitszimmer gilt, müsste sie im Sinne der Gleichbehandlung auch für abgrenzbare Arbeitsbereiche Anwendung finden. Der Grundsatz des objektiven Nettoprinzips erfährt insoweit eine erhebliche Einschränkung, als der Aufwand ausnahmsweise beschränkt bis zu einem Betrag i.H.v. 1.250 Euro abzugsfähig ist, wenn für die berufliche Tätigkeit kein anderer Arbeitsplatz zur Verfügung steht. Eine Abzugsfähigkeit ohne eine Begrenzung der Höhe nach ist nur möglich, wenn das Arbeitszimmer den Mittelpunkt der gesamten betrieblichen und beruflichen Betätigung bildet. Bei dieser Rückausnahme der Höhe nach ist nicht nur der Zeitaufwand, sondern primär die inhaltliche und qualitative Art der Tätigkeit maßgeblich.

Da Max unter der Woche im Büro seines Arbeitgebers beschäftigt **40** ist und nur ergänzend zu Hause tätig wird (sog. Telearbeit), besteht ein anderer Arbeitsplatz. Die Kosten für die Arbeitsecke sind bereits deshalb nach § 9 V 1 i.V.m. § 4 V 1 Nr. 6b S. 1 EStG vom Ansatz ausgeschlossen. Darüber hinaus ist zu berücksichtigen, dass § 4 V 1 Nr. 6b EStG eine spezielle Regelung für das Verhältnis von Wohnbereich und häuslichem Arbeitszimmer enthält, die § 12 Nr. 1 S. 2 EStG vorgeht und einer Aufteilbarkeit und Sonderbetrachtung der Arbeitsecke entgegensteht. Ein Abzug der Aufwendungen als Werbungskosten ist auch deshalb unzulässig.

III. Ergebnis

Da Max keine Werbungskosten nachgewiesen hat, die den Arbeitnehmer-Pauschbetrag **41** (§ 9a S. 1 Nr. 1 lit. a EStG) i.H.v. 1.000 Euro übersteigen, ist dieser bei der Einkünfteermittlung anzusetzen. Von den Einnahmen i.H.v. 50.000 Euro sind folglich Werbungskosten i.H.v. 1.000 Euro abzuziehen, so dass Max Einkünfte aus nichtselbständiger Tätigkeit 49.000 Euro (= 50.000 Euro ./. 1.000 Euro) betragen.

E. Gesamtbetrag der Einkünfte im VZ 2017

Im Jahr 2017 erzielte Max negative Einkünfte aus Vermietung und **42** Verpachtung i.H.v. 3.040 Euro, negative Einkünfte aus Gewerbebetrieb i.H.v. 100 Euro und positive Einkünfte aus nichtselbständiger Tätigkeit i.H.v. 49.000 Euro. Inwieweit diese Beträge zu einem Gesamtbetrag der Einkünfte verrechnet werden dürfen (§ 2 III EStG), ist eine Frage des **vertikalen Verlustausgleichs**. Dieser ist nach § 2 I–III EStG grundsätzlich zulässig. Spezialgesetzliche Beschränkungen des

Verlustausgleichs (z. B. § 23 III 7 EStG) sind nicht einschlägig. Max hat daher im VZ 2017 einen Gesamtbetrag der Einkünfte i.H.v. 45.860 Euro (= 49.000 Euro ./. 3.040 Euro ./. 100 Euro) erzielt.

Teil 2:

43 Fraglich ist, ob und inwieweit Bettina gegen die Maßnahmen des FA vorgehen kann. Rechtsbehelfe in Form von Einsprüchen (§ 347 I 1 Nr. 1 AO) wären nur dann erfolgreich, soweit sie zulässig und die Maßnahmen rechtswidrige Verwaltungsakte wären.

A. Vorgehen gegen die Prüfungsanordnung

44 Nach § 88 I 1 AO sind die Finanzbehörden verpflichtet, den Sachverhalt und damit die Besteuerungsgrundlagen (§§ 157 II, 199 I AO) von Amts wegen zu ermitteln. Zu diesem Zweck kann das FA auch eine Außenprüfung, also die umfassende Ermittlung der Besteuerungsgrundlagen vor Ort, durchführen (§ 194 I 1 AO). Grundlage der Außenprüfung ist die **Prüfungsanordnung** (§ 196 AO). Dabei handelt es sich um einen verfahrenseinleitenden VA, der eine Pflicht zur Duldung der Außenprüfung in dem bestimmten Umfang begründet.

45 Neben der Statthaftigkeit (§ 347 I 1 Nr. 1 AO) setzt die Zulässigkeit des Einspruchs insbesondere die Wahrung der Einspruchsfrist voraus, d. h. die Prüfungsanordnung dürfte noch **nicht bestandskräftig** sein. Da von einer ordnungsgemäßen Rechtsbehelfsbelehrung (§ 196 i.V.m. § 356 AO) auszugehen ist, kann der Einspruch gemäß § 355 I 1 AO nur innerhalb eines Monats nach Bekanntgabe des VA eingelegt werden. Die Bekanntgabe der Prüfungsanordnung erfolgt nach den allgemeinen Grundsätzen. Sie wurde am 7.5.2015 zur Post gegeben, so dass sie gemäß § 122 II Nr. 1 AO als am 11.5.2015 bekannt gegeben gilt (§ 108 III AO). Da ein Einspruch nicht eingelegt wurde, war die Prüfungsanordnung mit Ablauf des 11.6.2015 (§ 108 I AO i.V.m. § 188 II Alt. 1 BGB) bestandskräftig. Selbst für den Fall, dass die Prüfungsanordnung rechtswidrig sein sollte, kann Bettina somit nicht mehr mit Einwendungen gegen die Prüfungsanordnung gehört werden.

B. Vorgehen gegen die Aufforderungen zur Urkundenvorlage

46 Von der Frage, ob eine Außenprüfung überhaupt angeordnet werden darf, ist die Frage nach der **Rechtmäßigkeit einzelner Maßnahmen** im Zuge der Außenprüfung zu unterscheiden. Das Vorlageersuchen konkretisiert die Mitwirkungspflicht des Steuerpflichtigen (§ 200 I 2 AO) und besitzt daher Regelungswirkung (§ 118 S. 1 AO). Gegen

diesen VA könnte Bettina im Wege des Einspruchs mit Erfolg vorgehen, soweit die Aufforderung rechtswidrig wäre.

I. Formelle Rechtmäßigkeit

Das Vorlageersuchen ist formell rechtmäßig, insbesondere wurde es von dem zuständigen FA erlassen. Die Beteiligten des Prüfungsverfahrens werden durch die Prüfungsanordnung bestimmt. Zuständig für die Durchführung einzelner Prüfungsmaßnahmen ist daher das in der Prüfungsanordnung bezeichnete FA. **47**

II. Rechtsgrundlage

Rechtsgrundlage für die Aufforderung zur Vorlage einzelner Unterlagen ist **§ 200 I 2 AO**. Die Vorschrift ergänzt und modifiziert die allgemeinen Vorschriften über die Mitwirkung der Steuerpflichtigen im Besteuerungsverfahren (§§ 90 ff. AO); sie ist insoweit lex specialis. **48**

III. Materielle Rechtmäßigkeit, Ermessen

Die Grenzen der Inanspruchnahme ergeben sich daraus, dass die Mitwirkung ein nach pflichtgemäßem Ermessen einzusetzendes **Aufklärungs- und Beweismittel** ist. Die Finanzbehörde hat also nach pflichtgemäßem Ermessen zu entscheiden, ob und in welcher Form sie die Mitwirkung des Steuerpflichtigen nach § 200 I 2 AO in Anspruch nimmt. Dabei darf eine Mitwirkung nur verlangt werden, soweit sie nach den Umständen des Einzelfalls zur Feststellung des steuererheblichen Sachverhalts notwendig, verhältnismäßig, erfüllbar und zumutbar ist. **49**

1. Vorlage der Kassenbücher und der Aufzeichnungen über Umbuchungen

Das Verlangen, Kassenbücher und Aufzeichnungen über Umbuchungen vorzulegen, könnte sogar nichtig sein. Nichtig sind nach **§ 125 II Nr. 2 AO** Anordnungen, die aus tatsächlichen Gründen niemand befolgen kann. Dies ist insbesondere der Fall, wenn sich das Vorlageverlangen auf eine nicht existente Urkunde bezieht. Denn die Vorlagepflicht erstreckt sich nur auf Unterlagen, die dem Steuerpflichtigen tatsächlich zur Verfügung stehen. Eine Pflicht zur erstmaligen Beschaffung der Urkunden besteht nicht. **50**

Als selbständige Rechtsanwältin übt Bettina einen freien Beruf aus. Sie ist daher nicht nach § 140 AO i.V.m. § 238 I 1 HGB verpflichtet, Bücher und Aufzeichnungen zu führen. Eine **Buchführungspflicht** **51** ergibt sich auch nicht aus § 141 I AO; Selbständige sind von der Vorschrift nicht erfasst. Bettina führte auch tatsächlich keine Bücher; sie ermittelte ihren Gewinn im Wege der Einnahmen-Überschuss-Rechnung nach § 4 III EStG. Sie war deshalb weder verpflichtet, ein Kassenbuch zu führen noch Umbuchungen vorzunehmen und aufzuzeichnen. Folglich sind die Aufforderungen zur Vorlage der Kassenbücher sowie der Aufzeichnungen über die Umbuchungen gemäß § 125 II Nr. 2 AO nichtig.

2. Übrige Vorlageverlangen

52 Als selbständige Rechtsanwältin kann Bettina ihren Gewinn zwar im Wege der Einnahmen-Überschuss-Rechnung (§ 4 III EStG) ermitteln. Zu Zwecken der Umsatzbesteuerung ist sie jedoch nach **§ 22 i.V.m. § 2 I 1 UStG** zu bestimmten Aufzeichnungen verpflichtet, die sich unmittelbar auch auf die Einkommenbesteuerung auswirken. Dazu gehören u. a. die Verwahrung und Erstellung von Eingangs- bzw. Ausgangsrechnungen. Zu Aufzeichnungen über Einnahmen und Ausgaben sowie zur Verwahrung entsprechender Kontoauszüge ist sie bereits nach der Gewinnermittlungsmethode der Einnahmen-Überschuss-Rechnung (§ 4 III EStG) verpflichtet. Folglich sind die übrigen Vorlageverlangen nicht gemäß § 125 II Nr. 2 AO nichtig.

53 Fraglich ist aber, ob sie rechtmäßig sind. Dies wäre der Fall, wenn sie in verhältnismäßiger Weise auf die Herausgabe bestimmter vorhandener Dokumente gerichtet sind und Bettina diesbezüglich kein Vorlageverweigerungsrecht zusteht.

a) Bestimmtheit

54 Die vorzulegenden Unterlagen müssten hinreichend bestimmt sein (§ 119 I AO). Der Betroffene muss – ggf. durch Auslegung – erkennen können, was von ihm verlangt wird. Hinsichtlich der Kontoauszüge fehlt zwar eine Angabe darüber, ob sich diese auf das **Privat- oder Geschäftskonto** beziehen sollen. Die Tatsache, dass die Außenprüfung ausdrücklich auf § 193 I AO gestützt wird, lässt jedoch im Wege der Auslegung eindeutig darauf schließen, dass sich das Verlangen auf das Konto bezieht, auf dem Bettina die geschäftlichen Vorfälle als Rechtsanwältin verbucht. Damit ist das Vorlageverlangen jedenfalls nach Auslegung hinreichend bestimmt.

b) Verhältnismäßigkeit

55 Des Weiteren müssten die Vorlageverpflichtungen verhältnismäßig sein. Die Besteuerungsgrundlagen entspringen der Sphäre der Steuerpflichtigen; Bettina ist primärer Wissensträger. Da ohne ihre Mitwirkung eine gleichmäßige Besteuerung nach Maßgabe der Gesetze nicht

möglich wäre, ist Bettina die Verpflichtung zur Offenlegung steuererheblicher Verhältnisse grundsätzlich zumutbar. Daher ist eine Mitwirkungspflicht nur ausnahmsweise unverhältnismäßig, wenn dem FA zur Ermittlung der steuerlichen Verhältnisse andere Maßnahmen zur Verfügung stehen, die den Steuerpflichtigen weniger belasten. Da Bettina im Rahmen der Außenprüfung bislang nicht kooperierte, also ihre Mitwirkungspflicht nach § 200 I 1 AO nicht erfüllt hat, kann das Vorlageverlangen nicht als unangemessen und unverhältnismäßig angesehen werden. Das FA ist nicht gehalten, Bettinas bisherige Erklärungen prüfungslos zu akzeptieren oder sich statt einer Sachaufklärung auf die Möglichkeit einer ergänzenden Schätzung der Besteuerungsgrundlagen (§ 162 I 1 AO) verweisen zu lassen.

c) Vorlageverweigerungsrecht

Fraglich ist allerdings, ob und in welchem Umfang Bettina ein Vorlageverweigerungsrecht nach § 104 i.V.m. § 102 AO zusteht. Nach **§ 102 I Nr. 3 lit. b AO** können u. a. Rechtsanwälte die Auskunft darüber verweigern, was ihnen in dieser Eigenschaft anvertraut oder bekannt geworden ist. Dieses Aussageverweigerungsrecht wird durch **§ 104 I 1 AO** um das Recht zur Verweigerung der Vorlage von Urkunden ergänzt. Der Umfang des Vorlageverweigerungsrechts bestimmt sich nach dem Schutzbereich des Auskunftsverweigerungsrechts. Für Angehörige der in § 102 AO genannten Berufe besteht es demnach nicht umfassend, sondern nur soweit es zum Schutz des Berufsgeheimnisses erforderlich ist. Ein umfassendes Verweigerungsrecht wäre nicht mit § 193 I AO in Einklang zu bringen, wonach eine Betriebsprüfung dem Grunde nach auch gegenüber Personen zulässig ist, die Berufsgeheimnisse wahren müssen. Eine Außenprüfung würde sonst vereitelt. 56

Gegen ein mögliches Verweigerungsrecht spricht nicht der Umstand, dass es vorliegend um Bettinas steuerliche Belange geht und sie ihrerseits Beteiligte ist. Die §§ 104, 102 AO schützen das Vertrauensverhältnis zwischen Rechtsanwalt und Mandanten. Für den **Schutz des Vertrauensverhältnisses** oder seine Gefährdung macht es keinen Unterschied, in welchem Steuerrechtsverhältnis es zu einer Offenbarung der mandantenbezogenen Informationen gegenüber der Finanzverwaltung kommt. § 102 AO gilt deshalb – entgegen der gesetzlichen Systematik – für eigene und fremde Steuersachen des Berufsträgers. 57

Vom Auskunftsverweigerungsrecht nach § 102 I Nr. 3 lit. b AO geschützt sind nur **mandatsbezogene Geheimnisse**, die einem Berufsträger bei der Ausübung oder Anbahnung eines Mandats bekannt geworden sind. Dazu gehören insbesondere die Identität des Mandanten sowie die Tatsache der rechtlichen Beratung. Nicht geschützt sind 58 hingegen Unterlagen, durch deren Vorlage nichts offenbart wird, was Bettina in ihrer Eigenschaft als Rechtsanwältin anvertraut wurde. Das trifft vor allem auf die angeforderten Eingangsrechnungen (z. B. über Ausgaben der Kanzlei für Miete, Mitarbeiter und Büromaterial) zu. Im Unterschied dazu sind den Ausgangsrechnungen sowie den Kontoauszügen regelmäßig die Identität des Mandanten sowie die Tatsache der Beratung zu entnehmen. Sie unterfallen grundsätzlich dem Vorlageverweigerungsrecht nach § 104 I 1 i.V.m. § 102 I Nr. 3 lit. b AO.

59 Das Vorlageverweigerungsrecht besteht ausnahmsweise dann nicht, wenn die Mandanten auf eine Geheimhaltung ihrer Identität verzichtet haben oder das FA sein Vorlageverlangen dahingehend beschränkt hat, dass die Vorlage unter Wahrung der berufsrechtlichen Verschwiegenheitspflicht, d. h. in **neutralisierter Form** (z. B. durch Schwärzung der Namen), zu erfolgen hat. Da weder die Mandanten auf eine Geheimhaltung ihrer Identität verzichtet haben noch das FA das Vorlageverlangen auf Urkunden in neutralisierter Form beschränkt hat, ist Bettina nach § 104 I 1 i.V.m. § 102 I Nr. 3 lit. b AO berechtigt, die Vorlage der Ausgangsrechnungen zu verweigern.

IV. Ergebnis

60 Das umfassende Vorlageverlangen in Bezug auf sämtliche Ausgangsrechnungen der Kanzlei in nicht neutralisierter Form ist rechtswidrig. Ein Einspruch gegen dieses Verlangen wäre zulässig und begründet. Dagegen ist das Verlangen auf Vorlage der Aufzeichnungen über Ausgaben der Kanzlei rechtmäßig. Hinsichtlich der Kassenbücher und der Aufzeichnungen über Umbuchungen ist das Vorlageverlangen nichtig (§ 125 II Nr. 2 AO). Um eine Vollstreckung zu vermeiden, kann Bettina die Nichtigkeit (§ 125 V Hs. 2 AO) feststellen lassen. Zugleich kann sie gegen den nichtigen VA erfolgreich Einspruch einlegen; an die Einspruchsfrist (§ 355 AO) ist sie insoweit nicht gebunden.

C. Vorgehen gegen die Androhung des Zwangsgeldes

61 Die Androhung des Zwangsgeldes ist ein eigenständiger VA im Rahmen des Vollstreckungsverfahrens. Sie findet ihre Rechtsgrundlage in **§ 332 I 1 i.V.m. § 329 AO**. Soweit die Vorlageverlangen nichtig oder rechtswidrig sind, ist auch die Androhung des Zwangsgeldes rechtswidrig, da VA, die auf die Vornahme einer Handlung gerichtet sind, nur dann mit Zwangsmitteln durchgesetzt werden können, wenn sie wirksam und rechtmäßig sind. Da die Einspruchsfrist erst mit dem Ablauf des

20.4.2017 endet (§§ 355, 122 II Nr. 1, 108 I, III AO i.V.m. § 188 II Alt. 1 BGB), kann Bettina Einspruch nach § 347 I Nr. 1 AO einlegen.

Aufgrund des Einspruchs gegen die Androhung des Zwangsgeldes **62**
werden die tatbestandlichen Voraussetzungen des § 332 AO überprüft, insbesondere die hinreichende Bestimmtheit der Androhung (§ 332 II 3 AO). Solange die Vorlageanordnungen noch nicht bestandskräftig sind, sei es, dass die Einspruchsfrist noch nicht abgelaufen ist oder die Vorlageanordnungen gesondert mit dem Einspruch angegriffen sind, erstreckt sich die Einspruchsprüfung von Amts wegen auch auf die Rechtmäßigkeit der Vorlageanordnungen, obgleich sie nicht unmittelbar Gegenstand des Einspruchsverfahrens sind. Soweit die Vorlageanordnungen nichtig sind oder im Einspruchsverfahren aufgehoben werden, fehlt es (fortan) an einer allgemeinen Vollstreckungsvoraussetzung (§ 254 I 1 AO), so dass auch die Androhung des Zwangsgeldes insoweit aufzuheben ist (§ 367 II 1 i.V.m. § 130 I AO).

Zur Vertiefung:

🕮 *Dillberger/Fest*, Einkommensteuer und Abgabenordnung, 3. Aufl. 2016, Rn. 97 ff., 131 ff., 153 ff., 220 ff., 323 ff., 684 ff., 702 ff.

Fall 5. Im Alter versorgt

Sachverhalt

Teil 1:

Herr Peter ist 61 Jahre alt und wohnt in der Pensionistenstr. 17 in 95445 Teufelsgraben. Nach einem erfüllten Arbeitsleben denkt er bereits an den Ruhestand. Am 10.11.2017 sucht er daher die Kanzlei des Rechtsanwalts Ruh (Mauergasse 3, 95444 Bayreuth) auf, schildert ihm folgende Überlegungen und bittet um deren steuerliche Prüfung:

Herr Peter ist selbständiger Inhaber einer Gastwirtschaft und zu diesem Zweck freiwillig bei der Ego AG rentenversichert. Nach Auskunft der Rentenkasse würde Herr Peter, wenn er – wie beabsichtigt – zum 1.6.2018 in Vorruhestand ginge, voraussichtlich eine monatliche Rente i.H.v. 800 Euro erhalten.

Da Herr Peter mit einer derart niedrigen Altersversorgung gerechnet hatte, kaufte er seit Anfang des Jahres jeden Tag bei einem Schreibwarengeschäft ein Rubbellos für zwei Euro. Hauptpreis ist eine monatliche Sofortrente i.H.v. 4.000 Euro bis an das Lebensende. Vor zwei Wochen gewann Herr Peter diesen Hauptpreis. Für den Fall, dass er die Rente versteuern müsse, möchte er jedenfalls die Kosten für die Lose einschließlich der Nieten als Aufwand absetzen.

Ferner beabsichtigt Herr Peter, das von ihm allein bewohnte Einfamilienhaus zu verkaufen und in eine kleinere Eigentumswohnung zu ziehen. Das Haus hat 100 m^2 Wohnfläche. Herr Peter hat sich ein Arbeitszimmer (10 m^2) eingerichtet, in dem er die Buchführung für seine Gastwirtschaft erledigt. Die Immobilie erwarb er mit notariellem Kaufvertrag vom 5.7.2010 für 200.000 Euro, wobei auf den Grund und Boden 80.000 Euro entfielen. Er rechnet damit, das Haus für ca. 250.000 Euro verkaufen zu können (Grund und Boden: 100.000 Euro), da die Wohngegend in den letzten Jahren stets attraktiver wurde.

Seine Gastwirtschaft („Peters Pinte“) will Herr Peter an einen seiner Angestellten, Herrn Anton, verkaufen, der sich bereit erklärt hat, den Betrieb fortzuführen. Da Herr Peter sich nicht um größere Geldbeträge kümmern möchte, ist die Zahlung einer monatlichen Leibrente i.H.v. 1.300 Euro angedacht, deren Höhe unter Anwendung wirtschaftsmathematischer Grundsätze zur Bestimmung der Ertragskraft des Betriebs ermittelt wurde. Aufgrund seines Alters hätte die Leibrente einen kapitalisierten Barwert i.H.v. 150.000 Euro. Die Bilanz der Gastwirtschaft weist derzeit ein Eigenkapital i.H.v. 100.000 Euro aus. Das häusliche Arbeitszimmer ist nicht bilanziert. Der Teilwert der Gaststätte beträgt 150.000 Euro. Die Veräußerungskosten würde Herr Anton übernehmen.

Teil 2:

Mit notariellem Kaufvertrag vom 15.12.2017 veräußerte Herr Peter die Gastwirtschaft unter den vorgenannten Umständen an Herrn Anton. Nach den vertraglichen Vereinbarungen waren vom Verkauf alle bis zum Tag der Übergabe entstandenen Verbindlichkeiten einschließlich etwaiger Steuerschulden ausgenommen. Die Übergabe erfolgte zum 1.2.2018. Zu diesem Zeitpunkt war die Gaststätte wegen Renovierungsarbeiten bereits seit zwei Wochen geschlossen. Nach dem Abschluss der Umbauarbeiten eröffnete Herr Anton die Gaststätte unter eigenem Namen („Zum lustigen Anton") am 1.3.2018. Bei der Gemeinde meldete er die Neueröffnung erst am 12.3.2018 an.

Im Mai 2018 stellte sich heraus, dass noch folgende Schulden von Herrn Peter bestanden: 3.000 Euro Einkommensteuer für den VZ 2016, 2.000 Euro Umsatzsteuer für den VZ 2015 sowie 2.500 Euro Umsatzsteuer für den VZ 2016.

Das FA Bayreuth (Maximilianstr. 12, 95444 Bayreuth) nahm Herrn Anton durch Bescheid vom 16.7.2018 als Haftungsschuldner für die ausstehende Summe i.H.v. 7.500 Euro in Anspruch. Zuvor wurde weder Herr Anton angehört, noch wurden Erkundigungen über die Vermögensverhältnisse von Herrn Peter angestellt. Nach den Sommerferien 2018 suchte Herr Anton in dieser Angelegenheit Rechtsanwalt Ruh auf, nachdem er bereits selbst „höchstvorsorglich" am 25.7.2018 umfassend Einspruch eingelegt hatte. Mit Schreiben vom 14.9.2018 bat das FA, den Einspruch zu begründen. Herr Anton meint, Herr Peter verfüge über ausreichend Vermögen und müsse jedenfalls aufgrund der vertraglichen Abrede vorrangig in Anspruch genommen werden.

Bearbeitervermerk:

Teil 1: Entwerfen Sie das Mandantenschreiben des Rechtsanwalts Ruh. Auf Fragen der Gewerbesteuer ist nicht einzugehen.

Teil 2: Erstellen Sie eine Einspruchsbegründung für Herrn Anton. Soweit erforderlich ist ein Hilfsgutachten zu fertigen, in dem auch die Erfolgsaussichten des Einspruchs zu bewerten sind.

Gliederung

Teil 1:

A. Altersentlastungsbetrag
B. Auszahlungen der Ego AG
  I. Qualifikation der Einkünfte
  II. Höhe der Einkünfte
C. Gewinn der Sofortrente
  I. Keine Steuerpflicht nach § 15 I 1 Nr. 1 EStG
  II. Keine Steuerpflicht nach § 22 EStG
    1. Keine private Rente i.S.d. § 22 Nr. 1 S. 3 lit. a bb EStG
    2. Keine sonstige Leistung i.S.d. § 22 Nr. 3 EStG
D. Veräußerung des Einfamilienhauses
  I. Steuerbar nach § 22 Nr. 3 i.V.m. § 23 I Nr. 1 S. 1 EStG
  II. Steuerfrei nach § 23 I Nr. 1 S. 3 EStG
  III. Ausnahme: Ihr Arbeitszimmer
  IV. Zwischenergebnis
E. Veräußerung der Gastwirtschaft
  I. Qualifikation der Einkünfte
  II. Teleologische Reduktion, Wahlrecht
  III. Var. 1: Sofortversteuerung
    1. Betriebliche Einkünfte
      a) Veräußerungs- und Aufgabegewinn
      b) Besonderer Tarif
      c) Anteilige Steuerfreiheit nach § 16 IV EStG
      d) Zur Gewerbesteuer
    2. Sonstige Einkünfte
    3. Zwischenergebnis
  IV. Var. 2: Laufende Versteuerung
  V. Handlungsempfehlung

Teil 2:

A. Zulässigkeit
B. Begründetheit
  I. Rechtsgrundlage
  II. Formelle Rechtswidrigkeit
  III. Materielle Rechtswidrigkeit
    1. Tatbestand des § 191 I 1 AO
      a) Keine Haftung nach § 25 I 1 HGB

b) Keine Haftung nach § 75 I 1 AO
2. Ermessensausübung nach § 191 I 1 AO
C. Entscheidungsform
D. Hilfsgutachten
I. Heilung der unterbliebenen Anhörung
II. Tatbestand des § 75 I 1 AO
III. Beschränkungen der Haftung
1. Vereinbarter Haftungsausschluss
2. Zeitliche Begrenzung der Haftung
3. Begrenzung der Höhe der Haftung, § 75 I 2 AO
IV. Festsetzungsverjährung, § 191 III AO
V. Vorwirkung des § 219 S. 1 AO im Entschließungsermessen

Lösung

Teil 1:

Rechtsanwalt Ruh
Mauergasse 3
95444 Bayreuth

Herrn Peter
Pensionistenstr. 17
95445 Teufelsgraben

Bayreuth, 12.11.2017

Betreff: Steuerliche Beratung; Besprechung vom 10.11.2017

Sehr geehrter Herr Peter, 1
vielen Dank für Ihre Mandatierung. Ich komme zurück auf unser Gespräch vom 10.11.2017 und auf die von Ihnen geschilderten Sachverhalte. Aus rechtlicher Sicht kann ich Ihnen Folgendes mitteilen:

A. Altersentlastungsbetrag

Der in § 24a EStG normierte Altersentlastungsbetrag steht Ihnen (noch) nicht zu. Danach wird bei der Ermittlung des zu versteuernden Einkommens grundsätzlich ein bestimmter Prozentsatz. der positiven Summe der Einkünfte abgezogen (§ 2 III EStG). Nach **§ 24a S. 3 EStG** wird der Altersentlastungsbetrag aber nur solchen Steuerpflichtigen gewährt, die vor dem Beginn des Kalenderjahres, in dem sie ihr Einkommen bezogen haben, das 64. Lebensjahr vollendet hatten. Ihnen stünde – bei unveränderter Rechtslage – der Altersentlastungsbetrag somit erst ab dem Veranlagungszeitraum (VZ) 2021 zu. 2

B. Auszahlungen der Ego AG

3 Sie waren als selbständiger Inhaber einer Gastwirtschaft freiwillig bei der Ego AG rentenversichert. Nach Auskunft Ihres Rentenversicherers werden Sie, für den Fall, dass Sie zum 1.6.2018 in den Vorruhestand gehen werden, voraussichtlich eine Rente von monatlich 800 Euro erhalten. In steuerlicher Hinsicht ist dies wie folgt zu beurteilen:

I. Qualifikation der Einkünfte

4 Nach § 22 Nr. 1 EStG sind Einkünfte aus wiederkehrenden Bezügen steuerpflichtig, soweit sie nicht zu einer der anderen Einkunftsarten (§ 2 I Nrn. 1–6 EStG) gehören. Wiederkehrende Bezüge sind gemäß § 22 Nr. 1 S. 3 lit. a EStG auch Leibrenten und andere Leistungen aus den gesetzlichen Rentenversicherungen (Doppelbuchst. aa) sowie sonstige Leibrenten, bei denen in den einzelnen Bezügen Einkünfte aus Erträgen des Rentenrechts enthalten sind (Doppelbuchst. bb). Die Erträge Ihres Rentenrechts sind nach **§ 22 Nr. 1 S. 3 lit. a Doppelbuchst. bb EStG** steuerpflichtig. Als Inhaber einer Gastwirtschaft haben Sie sich selbständig, nachhaltig und mit der Absicht, Gewinn zu erzielen, am allgemeinen wirtschaftlichen Verkehr betätigt. Als Gewerbetreibender i.S.d. § 15 II 1 EStG gehören Sie nicht zu den Personen, die in der gesetzlichen Rentenversicherung versicherungspflichtig sind (§§ 1–3 SGB VI). Der von Ihnen abgeschlossene Rentenversicherungsvertrag mit der Ego AG ist daher Bestandteil Ihrer freiwilligen privaten Altersvorsorge.

II. Höhe der Einkünfte

5 Nach § 22 Nr. 1 S. 3 lit. a Doppelbuchst. bb S. 3 EStG gilt als Ertrag des Rentenrechts für die Dauer des Rentenbezugs der Unterschiedsbetrag zwischen dem Jahresbetrag der Rente und dem Betrag, der sich bei gleichmäßiger Verteilung des Kapitalwerts der Rente auf ihre voraussichtliche Laufzeit ergibt. Dieser sog. **Ertragsanteil** ist von dem vollendeten Lebensjahr des Rentenberechtigten bei Beginn der Rente abhängig und der Tabelle des § 22 Nr. 1 S. 3 lit. a Doppelbuchst. bb S. 4 EStG zu entnehmen.

6 Sie sind zurzeit 61 Jahre alt und beabsichtigen, am 1.6.2018 in den Ruhestand zu gehen. Sofern Ihr Rentenbezug vor der Vollendung des 62. Lebensjahres beginnt, beträgt der steuerlich fingierte Ertragsanteil 22 %, d. h. Sie haben monatlich 168 Euro (= 22 % von 800 Euro) bzw. jährlich 2.016 Euro (= 12 Monate x 168 Euro) als Einkünfte aus wie-

derkehrenden Bezügen (§ 22 Nr. 1 S. 3 lit. a Doppelbuchst. bb EStG) zu versteuern.

C. Gewinn der Sofortrente

Nach Ihren Angaben haben sie seit Anfang des Jahres 2017 jeden Tag ein Rubbellos für jeweils zwei Euro gekauft. Bis Anfang November 2017 sind Ihnen auf diese Weise ca. 600 Euro Aufwendungen entstanden. Vor Kurzem gewannen sie den Hauptpreis, eine monatliche Sofortrente i.H.v. 4.000 Euro bis an ihr Lebensende. Ich kann Ihnen die freudige Mitteilung machen, dass die Sofortrente steuerfrei ist. Sie unterfällt keiner der in § 2 I 1 Nrn. 1–7 EStG abschließend aufgezählten Einkunftsarten (**numerus clausus**). Insbesondere handelt es sich weder um Einkünfte aus einem Gewerbebetrieb (§ 15 I 1 Nr. 1 EStG) noch um sonstige Einkünfte (§ 22 EStG). Dies bedeutet allerdings auch, dass Sie Ihre Aufwendungen für die Loskäufe steuerlich nicht geltend machen können. 7

I. Keine Steuerpflicht nach § 15 I 1 Nr. 1 EStG

Ein Gewerbebetrieb setzt eine selbständige, nachhaltige Betätigung voraus, die mit der Absicht, Gewinn zu erzielen, unternommen wird und sich als Beteiligung am allgemeinen wirtschaftlichen Verkehr darstellt (§ 15 II 1 EStG). Auch wenn Sie beim Erwerb der Lose selbständig und mit Gewinnerzielungsabsicht gehandelt haben, wurden Sie dadurch jedoch nicht nachhaltig tätig. Durch das Merkmal der Nachhaltigkeit wird die gewerbliche Tätigkeit von einmaligen Handlungen, die dem privaten Bereich und der privaten Vermögensverwaltung (§ 14 S. 3 AO) zuzuordnen sind, abgegrenzt. **Nachhaltig** ist eine Tätigkeit, wenn sie mit der Absicht auf Wiederholung ausgeübt wird, und der Steuerpflichtige damit das Ziel verfolgt, daraus eine Erwerbsquelle zu machen. Die Wiederholungsabsicht kann im Zweifel aus der wiederholten tatsächlichen Vornahme gleichartiger Handlungen gefolgert werden. Sie haben zwar durch Ihre Loskäufe wiederholt an den Ausspielungen der staatlichen Lotterie teilgenommen. Der Gewinn der Sofortrente war aber vom Zufall abhängig, so dass Ihr Handeln nicht objektiv auf die Errichtung einer Erwerbsquelle zielte. 8

II. Keine Steuerpflicht nach § 22 EStG

Ebenso wenig erzielten Sie durch die Teilnahme an der Lotterie sonstige Einkünfte i.S.d. § 22 EStG. 9

1. Keine privat Rente i.S.d. § 22 Nr. 1 S. 3 lit. a Doppelbuchst. bb EStG

10 Ihre Sofortrente ist keine von § 22 Nr. 1 S. 3 lit. a Doppelbuchst. bb EStG erfasste Leibrente. Nach dieser Vorschrift werden nur solche Leibrenten besteuert, bei denen in den einzelnen Bezügen Einkünfte aus Erträgen des Rentenrechts enthalten sind. Aus der sprachlichen Bezugnahme auf das Rentenrecht folgt, dass § 22 Nr. 1 S. 3 EStG nur solche Renten erfasst, denen ein **vertragliches Stammrecht** zugrunde liegt. Dieses muss durch Leistungen des Steuerpflichtigen aufgebaut worden sein. Mit der staatlichen Lotterieverwaltung haben Sie keinen leibrentenartigen Versorgungsvertrag auf Lebensdauer geschlossen. Sie erwarben mit dem Kauf eines jeden Loses nur eine **Gewinnchance**. Die Sofortrente wird daher als zufällig und glücklich erworbene Leistung ohne unmittelbare Gegenleistung erbracht.

2. Keine sonstige Leistung i.S.d. § 22 Nr. 3 EStG

11 Auch eine Steuerbarkeit als sonstige Leistung i.S.d. § 22 Nr. 3 EStG ist zu verneinen. Danach sind Einkünfte aus Leistungen steuerpflichtig, soweit sie weder zu anderen Einkunftsarten (§ 2 I 1 Nrn. 1–6 EStG) noch zu den Einkünften i.S.d. § 22 Nrn. 1, 1a, 2 oder 4 EStG gehören. Beispiele dafür sind die im Wortlaut ausdrücklich genannten Einkünfte aus gelegentlichen Vermittlungen und aus der Vermietung beweglicher Gegenstände. Abstrakt formuliert ist eine sonstige Leistung i.S.d. § 22 Nr. 3 EStG jedes Tun, Dulden oder Unterlassen, das Gegenstand eines entgeltlichen Vertrags sein kann.

12 Einigkeit besteht darüber, dass die Leistung mit dem gewährten Entgelt nicht durch einen gegenseitigen Vertrag verbunden sein muss. Die frühere Rechtsprechung verlangte eine finale Verknüpfung dahingehend, dass die Leistung um des Entgelts willen erbracht werden muss. In der neueren Rechtsprechung ist dieses Kriterium aufgegeben worden. Seither kommt es für die Steuerbarkeit einer sonstigen Leistung nach § 22 Nr. 3 EStG darauf an, ob die Gegenleistung (das Entgelt) durch das Verhalten des Steuerpflichtigen **veranlasst** ist. Erforderlich, aber auch ausreichend ist, dass die Gegenleistung durch das Verhalten wirtschaftlich ausgelöst wird.

13 Ihr Gewinn ist weder nach der finalen noch nach der kausalen Begriffsdefinition eine sonstige Leistung i.S.d. § 22 Nr. 3 EStG. Es fehlt an der erforderlichen Verknüpfung von Leistung und Gegenleistung. Erforderlich ist nämlich, dass die Einkünfte im Rahmen eines Leistungsaustauschs erzielt werden. Der Gewinn ist aber **keine Gegenleistung** für den Kauf des Loses. Die Gegenleistung bestand ausschließlich in der Spiel-

teilnahme und der damit einhergehenden Gewinnchance, nicht aber in dem realisierten Gewinn. Ihr Gewinn ist ein nicht steuerbarer Glücksfall.

D. Veräußerung des Einfamilienhauses

Des Weiteren beabsichtigen Sie, das derzeit von Ihnen bewohnte **14** Einfamilienhaus zu veräußern. Das Haus hat 100 m^2 Wohnfläche einschließlich eines von Ihnen betrieblich genutzten Arbeitszimmers (10 m^2). Sie haben das Grundstück mit aufstehendem Gebäude durch notariellen Kaufvertrag vom 5.7.2010 zum Preis von 200.000 Euro erworben, wobei auf den Grund und Boden 80.000 Euro des Kaufpreises entfielen. Sie rechnen damit, das Grundstück für 250.000 Euro verkaufen zu können. Der erzielte Veräußerungsgewinn wäre – mit Ausnahme des Kaufpreisanteils, der auf das Arbeitszimmer entfällt – nach § 22 Nr. 2 i.V.m. § 23 I 1 Nr. 1 S. 3 Alt. 2 EStG steuerfrei.

I. Steuerbar nach § 22 Nr. 2 i.V.m. § 23 I 1 Nr. 1 S. 1 EStG

Nach der den Überschusseinkünften zugrunde liegenden Quellen- **15** theorie ist die Verwertung von Privatvermögen grundsätzlich nicht steuerbar. Von diesem Grundsatz enthält § 22 Nr. 2 i.V.m. § 23 EStG eng begrenzte Ausnahmen. Die Veräußerung privater Immobilien ist als privates Veräußerungsgeschäft nach § 23 I 1 Nr. 1 S. 1 EStG nur dann steuerbar, wenn der Zeitraum zwischen Anschaffung und Veräußerung (sog. **Veräußerungsfrist**) nicht mehr als zehn Jahre beträgt. Maßgeblich für den Fristanfang und das Fristende sind die schuldrechtlichen Verträge. Die Fristberechnung erfolgt nach § 108 I AO i.V.m. §§ 187 I, 188 II Alt. 1 BGB. Sie haben das Grundstück am 5.7.2010 angeschafft. Sollten Sie es vor dem 6.7.2020 (§ 108 III AO) verkaufen, wäre der Tatbestand des § 23 I 1 Nr. 1 S. 1 EStG erfüllt; ein erzielter Veräußerungsgewinn wäre grundsätzlich zu versteuern.

II. Steuerfrei nach § 23 I 1 Nr. 1 S. 3 EStG

Der erzielte Veräußerungsgewinn wäre jedoch nach § 23 I 1 Nr. 1 **16** S. 3 EStG steuerfrei, wenn das Haus von Ihnen ausschließlich zu eigenen **Wohnzwecken** oder im Jahr der Veräußerung und in den beiden vorangegangenen Jahren zu eigenen Wohnzwecken genutzt wird. Nach Ihren Ausführungen nutzen Sie die Immobilie weitgehend (90 m^2) zu eigenen Wohnzwecken. In dem häuslichen Arbeitszimmer (10 m^2) verrichten Sie jedoch Tätigkeiten, die Ihrem Gewerbebetrieb dienen. Gleichwohl kommen Sie in den Genuss des Ausnahmetatbestands.

17 Die Steuerfreiheit nach § 23 I 1 Nr. 1 S. 3 **Alt. 1** EStG setzt voraus, dass Sie die gesamte Immobilie ausschließlich zu eigenen Wohnzwecken nutzen. Nach Ihren Ausführungen nutzen Sie 10 m² allerdings nicht zu Wohn-, sondern zu Arbeitszwecken. Somit nutzen Sie die Immobilie gegenwärtig nicht ausschließlich zu Wohnzwecken. Der Wohnzweck ist unabhängig davon zu verneinen, ob Sie das Arbeitszimmer im Rahmen der Gewinn- oder der Überschusseinkünfte nutzen, ob es also zum Betriebs- oder Privatvermögen gehört.

18 Soweit Sie das Gebäude im Jahr der Veräußerung und in den beiden vorangegangenen (vollen) Kalenderjahren zu eigenen Wohnzwecken nutzen, ist die Veräußerung gemäß § 23 I 1 Nr. 1 S. 3 **Alt. 2** EStG nicht steuerbar. Der Zusatz, dass die Immobilie „ausschließlich" zu eigenen Wohnzwecken genutzt werden muss, ist in dieser Alternative nicht enthalten. Daher ist das bestehende Arbeitszimmer unschädlich für die Steuerfreiheit im Fall der Veräußerung der Immobilie vor Ablauf der Veräußerungsfrist.

III. Ausnahme: Ihr Arbeitszimmer

19 In Ihrem Arbeitszimmer erledigen Sie die Buchhaltung für Ihre Gaststätte. Damit dient das Arbeitszimmer ausschließlich Ihrer gewerblichen Tätigkeit. Es ist daher – unabhängig von der Abzugsfähigkeit der darauf entfallenden Aufwendungen (§ 4 V 1 Nr. 6b EStG) in der Gewinnermittlung der Gaststätte – **notwendiges Betriebsvermögen**. Auf die Veräußerung von Betriebsvermögen ist § 22 Nr. 2 i.V.m. § 23 EStG tatbestandlich nicht anwendbar. Die Vorschrift erfasst nur Veräußerungsgeschäfte von Gegenständen des Privatvermögens.

20 Die Anwendbarkeit von § 23 I 1 Nr. 1 EStG und die Steuerfreiheit nach § 23 I 1 Nr. 1 S. 3 EStG können auch nicht mit Hilfe des Wahlrechts des **§ 8 EStDV** erreicht werden. Danach brauchen eigenbetrieblich genutzte Grundstücksteile nicht als Betriebsvermögen behandelt zu werden, wenn ihr Wert nicht mehr als ein Fünftel des gemeinen Werts des gesamten Grundstücks und nicht mehr als 20.500 Euro beträgt. Nach Ihren Angaben beabsichtigen Sie, das Grundstück samt Gebäude zum Preis von 250.000 Euro zu verkaufen. Dies entspricht dem gemeinen Wert. Dieser wird gemäß § 9 II 1 BewG durch den Preis bestimmt, der im gewöhnlichen Geschäftsverkehr nach der Beschaffenheit des Wirtschaftsguts bei einer Veräußerung einschließlich des entsprechenden Anteils am Grund und Boden zu erzielen wäre. Da 10 % der Nutzfläche auf das Arbeitszimmer entfallen, beträgt der gemeine Wert des Arbeitszimmers einschließlich des dazugehörigen Grund und Boden Anteils 25.000 Euro (= 10 % von 250.000 Euro). Dies ist zwar weniger als ein Fünftel des gemeinen Wertes (= 50.000

Euro), jedoch mehr als die in § 8 EStDV genannte absolute Obergrenze von 20.500 Euro.

IV. Zwischenergebnis

Daher ist festzuhalten, dass Sie den auf die Wohnfläche entfallenden Veräußerungserlös (90 %, das entspricht 225.000 Euro) nicht versteuern müssen. Dies gilt unabhängig davon, ob Sie den Kaufvertrag vor oder nach dem 6.7.2020 abschließen. Der auf das **Arbeitszimmer** entfallende Veräußerungserlös ist hingegen steuerpflichtig. Da es sich hierbei um Betriebsvermögen der Gaststätte handelt, ist der Vorgang nicht § 22 Nr. 2 i.V.m. § 23 I 1 Nr. 1 EStG, sondern den §§ 15, 16 EStG zuzuordnen (siehe Rn. 25 f.). **21**

E. Veräußerung der Gastwirtschaft

Ferner berichteten Sie von Ihrer Absicht, Ihre Gaststätte an Herrn Anton für eine monatliche Leibrente i.H.v. 1.300 Euro, was einem Barwert i.H.v. 150.000 Euro entspricht, zu veräußern. Die Gewinnermittlung Ihres Betriebs weise derzeit ein Eigenkapital i.H.v. 100.000 Euro aus, der Teilwert des Betriebs betrage 150.000 Euro. Das in Ihrer Wohnimmobilie betrieblich genutzte Arbeitszimmer soll im Zuge der Betriebsveräußerung aufgelöst werden. Die Kosten der Vermögensübertragung soll Herr Anton übernehmen. **22**

I. Qualifikation der Einkünfte

Der Veräußerungsgewinn, den Sie mit der Veräußerung der Gaststätte erzielen, unterfällt grundsätzlich § 16 I 1 Nr. 1 EStG. Systematisch wird er den Einkünften aus Gewerbebetrieb i.S.d. § 15 I 1 Nr. 1 EStG zugerechnet, da die Veräußerung des Gewerbebetriebs als letzte gewerbliche Handlung des Unternehmers angesehen wird. **23**

Die Veräußerung eines ganzen Gewerbebetriebs liegt vor, wenn die **wesentlichen Grundlagen des Betriebs**, insbesondere die Betriebsorganisation, die Betriebseinrichtung und die Betriebsanlagen, die Lagervorräte, der Kundenstamm und die sonstigen immateriellen Werte eines Unternehmens in einem einheitlichen Vorgang gegen Entgelt in der Weise auf einen Erwerber übertragen werden, dass der Betrieb von diesem als lebender Organismus fortgeführt werden kann. Welche Wirtschaftsgüter zu den wesentlichen Betriebsgrundlagen zählen, ist auf Grundlage einer funktional-quantitativen Betrachtungsweise zu beurteilen. Danach gehören zu den wesentlichen Betriebsgrundlagen sowohl Wirtschaftsgüter, die nach Art des Betriebs und ihrer Funktion **24** im Betrieb für diesen wesentlich sind, als auch Wirtschaftsgüter, die funktional gesehen für den Betrieb nicht erforderlich sind, in denen aber erhebliche stille Reserven gebunden sind.

25 Ihr **Arbeitszimmer** dient ausschließlich betrieblichen Zwecken. Es ist daher ein eigenständiges Wirtschaftsgut und notwendiges Betriebsvermögen. Die räumliche Trennung von der Gaststätte steht dem nicht entgegen. Aufgrund der Wertsteigerung der Immobilie enthält das Arbeitszimmer erhebliche stille Reserven. Folglich gehört es nach dem quantitativen Aspekt der funktional-quantitativen Betrachtungsweise ebenfalls zu den wesentlichen Betriebsgrundlagen Ihrer Gaststätte.

26 Im Zuge der Veräußerung der Gaststätte soll das Arbeitszimmer nicht auf Herrn Anton übergehen; vielmehr wollen Sie das Zimmer umwidmen und fortan privat zu Wohnzwecken nutzen. Damit beabsichtigen Sie, ein Wirtschaftsgut, das zu den wesentlichen Betriebsgrundlagen der Gaststätte zählt, zurückzubehalten und in ihr Privatvermögen zu überführen (sog. **Wahlrestbetriebsvermögen**). Dies steht einer Anwendung des § 16 EStG nicht per se entgegen. Da es sich aber um eine anteilige Betriebsaufgabe handelt, die gleichfalls von § 16 EStG umfasst und nach § 16 III 7 EStG mit dem gemeinen Wert (§ 9 II 1 BewG) anzusetzen ist, erfolgt die Überführung des Arbeitszimmers in erfolgswirksamer Weise. Eine privilegierte Betriebsveräußerung ist gleichwohl möglich.

II. Teleologische Reduktion, Wahlrecht

27 Für den Fall, dass ein Betrieb gegen Leibrente veräußert wird, hat der Steuerpflichtige die Wahl zwischen der sofortigen Versteuerung eines Veräußerungsgewinns (§§ 16, 34 EStG) und einer nicht tarifbegünstigten Besteuerung der nachträglichen Betriebseinnahmen im Jahr des jeweiligen Zahlungszuflusses (**§ 24 Nr. 2 EStG i.V.m. § 15 EStG**). Dieses ungeschriebene Wahlrecht beruht auf einer teleologischen Reduktion des grundsätzlich zwingenden Anwendungsbereichs der §§ 16, 34 EStG i.V.m. dem Grundsatz der Verhältnismäßigkeit der Besteuerung. Es trägt vor allem dem Umstand Rechnung, dass einerseits die Leibrentenforderung mit ihrem Gegenwartswert zu bewerten ist und damit der Veräußerungsgewinn bereits im Zeitpunkt der Übertragung des wirtschaftlichen Eigentums an den wesentlichen Betriebsgrundlagen verwirklicht wird, andererseits jedoch der vorzeitige Tod des Rentenberechtigten nicht zu einer (rückwirkenden) Korrektur des Veräußerungsgewinns führen würde, so dass der Veräußerer Gewinne zu versteuern hätte, die er tatsächlich niemals erzielt.

28 Das Wahlrecht besteht aber nur, wenn als Gegenleistung bei der Veräußerung des Betriebs eine Leibrente vereinbart wird. Es genügt nicht,

dass der Kaufpreis lediglich gestundet oder in langfristigen Raten zu zahlen ist. Die **Leibrente** ist ein einheitlich nutzbares Recht, das in der Regel auf Lebenszeit des Berechtigten oder eines anderen eingeräumt ist und dessen Erträge aus regelmäßig wiederkehrenden gleichmäßigen Leistungen bestehen. Bei der Bestimmung der Gegenleistung haben Sie kein Enddatum für die Zahlungen vereinbart, so dass die monatlich wiederkehrenden Beträge im Zweifel bis zu Ihrem Tod geleistet werden sollen (§ 759 BGB). Mithin steht Ihnen das Wahlrecht zu.

Aus steuerrechtlicher Sicht ist zwischen Veräußerungsrenten und **29** Versorgungsrenten zu unterscheiden. Sofern Sie die Gaststätte an Herrn Anton veräußern, scheidet eine Versorgungsrente aus. Eine solche kommt nur bei Vermögensübertragungen an nachfolgende Generationen in Betracht. Die von Ihnen angedachte Gegenleistung entspräche einer **Veräußerungsrente**. Die fortlaufenden Zahlungen sollen gleichmäßig und auf der Grundlage des Kaufvertrags erfolgen, der ein einheitliches Stammrecht begründet. Die Höhe der Leibrente wurde von Ihnen auf Grundlage der Ertragskraft des Betriebs unter Anwendung der einschlägigen wirtschaftsmathematischen Grundsätze ermittelt. Eine teilentgeltliche Übertragung ist nicht beabsichtigt.

Folglich können Sie wählen, ob Sie den Veräußerungsgewinn sofort **30** nach Maßgabe der §§ 16, 34 EStG oder erst im Zeitpunkt des jeweiligen Zuflusses nach § 24 Nr. 2 i.V.m. § 15 EStG versteuern wollen.

III. Var. 1: Sofortversteuerung

1. Betriebliche Einkünfte

Sofern Sie sich für die sofortige Versteuerung entscheiden, ist der **31** Veräußerungs- und Aufgabegewinn nach den §§ 16, 34 EStG steuerbar.

a) Veräußerungs- und Aufgabegewinn

Bei der Bestimmung des Veräußerungs- und Aufgabegewinns ist **32** zwischen der veräußerten Gaststätte und dem Arbeitszimmer, das Sie in Ihr Privatvermögen übernehmen wollen, zu unterscheiden.

aa) Gaststätte

Veräußerungsgewinn ist der Betrag, um den der Veräußerungspreis **33** nach Abzug der Veräußerungskosten den Wert des Betriebsvermögens übersteigt (§ 16 II 1 EStG). Der **Veräußerungspreis** umfasst die Gesamtheit aller Vorteile, die Ihnen aus Anlass der Veräußerung, d. h. in unmittelbarem wirtschaftlichen Zusammenhang mit der Veräußerung zufließen. Als Gegenleistung haben Sie eine monatliche Leibrente i.H.v. 1.300 Euro mit einem Barwert i.H.v. 150.000 Euro vereinbart.

34 Als Betriebsausgaben können Sie Ihnen entstehende **Veräußerungskosten** sowie den Wert des Betriebsvermögens abziehen (§ 16 II 1 EStG). Da Herr Anton absprachegemäß die Veräußerungskosten übernehmen wird, entstehen Ihnen keine steuermindernden Aufwendungen.

35 Der **Wert des Betriebsvermögens** ist für den Zeitpunkt der Veräußerung nach § 4 I EStG oder nach § 5 EStG zu ermitteln (§ 16 II 2 EStG). Damit wird jedoch keine eigenständige Bilanzierungspflicht auf den Zeitpunkt der Veräußerung begründet; vielmehr ist der Buchwert der letzten Schlussbilanz maßgebend. Der Buchwert Ihres Betriebs ergibt sich aus einem Vergleich der Bilanzsumme und dem eingesetzten Fremdkapital. In der Bilanz wird dieser Betrag im Ausgleichsposten „Eigenkapital" ausgewiesen. Nach Ihren Angaben beträgt das Eigenkapital Ihres Betriebs derzeit 100.000 Euro. Somit ergibt sich ein Veräußerungsgewinn i.H.v. 50.000 Euro (= 150.000 Euro Veräußerungspreis ./. 100.000 Euro Wert des Betriebsvermögens).

bb) Arbeitszimmer

36 Der von Ihnen in Aussicht gestellte Vorgang ist nicht nur eine Betriebsveräußerung, sondern aufgrund der Umwidmung des Arbeitszimmers zugleich auch eine **Betriebsaufgabe** i.S.d. § 16 III 1 EStG.

37 Statt mit dem Veräußerungspreis ist das Arbeitszimmer daher nach § 16 III 7 EStG mit dem **gemeinen Wert** (§ 9 II 1 BewG) im Zeitpunkt der Aufgabe anzusetzen. Sie gehen davon aus, die Immobilien zu einem Preis von 250.000 Euro verkaufen zu können. Da das Arbeitszimmer 10 % der Nutzfläche Ihrer Wohnung einnimmt, beträgt der gemeine Wert Ihres Arbeitszimmers 25.000 Euro

38 Da Sie das Arbeitszimmer nicht in der Bilanz der Gaststätte aufgenommen haben, ist von diesem gemeinen Wert der hypothetische **Buchwert** in Abzug zu bringen. Dabei ist zwischen dem Gebäudeanteil und dem Grund und Boden zu differenzieren. Von den auf das Arbeitszimmer entfallenden Anschaffungskosten i.H.v. 12.000 Euro (= 10 % von 200.000 Euro Kaufpreis ./. 80.000 Euro Grund und Boden) ist seit der Anschaffung im Juli 2010 eine jährliche AfA-Rate von 3 % (§ 7 IV 1 Nr. 1 EStG) abzuziehen. Lösen Sie das Arbeitszimmer z. B. im Juli 2018 auf (§ 7 I 4 EStG), ergäbe sich hieraus eine achtjährige Abschreibung i.H.v. jeweils 360 Euro, so dass der restliche Buchwert des Gebäudeteils „Arbeitszimmer" 9.120 Euro betrüge. Hinzuzuzählen wäre außerdem der auf das Arbeitszimmer entfallende Grund und Boden Anteil i.H.v. 10 % der Anschaffungskosten. Diese betrugen 80.000 Euro, so dass sich ein Buchwert i.H.v. 8.000 Euro ergibt. Nur auf diese Weise werden sämtliche im Grundstück entstandenen stillen Reserven aufgedeckt, soweit sie dem Arbeitszimmer zuzuordnen sind.

Folglich würden Sie einen Aufgabegewinn i.H.v. 7.880 Euro (= 25.000 Euro ./. 17.120 Euro) erzielen.

b) Besonderer Tarif

Bei dem Veräußerungs- und Aufgabegewinn handelt es sich um außerordentliche Einkünfte i.S.d. § 34 II Nr. 1 EStG. Solche Einkünfte werden grundsätzlich gemäß § 34 I EStG privilegiert nach der sog. **Fünftelregelung** besteuert. Da Sie das 55. Lebensjahr vollendet haben und der von Ihnen voraussichtlich erzielte Veräußerungs- und Aufgabegewinn den Betrag von fünf Millionen nicht übersteigt, können Sie beantragen, dass der auf den Veräußerungs- und Aufgabegewinn entfallende Teil der Einkommensteuer nach dem ermäßigten Steuersatz des § 34 III 1 EStG bemessen wird. Der ermäßigte Steuersatz beträgt nach der Legaldefinition des § 34 III 2 EStG 56 % des durchschnittlichen Steuersatzes, mindestens jedoch 15 %. Weitere Einzelheiten erläutere ich Ihnen auf Nachfrage gerne. **39**

c) Anteilige Steuerfreiheit nach § 16 IV EStG

Neben der nach § 34 EStG privilegierten Besteuerung sieht § 16 IV 1 EStG die Möglichkeit vor, dass der Veräußerungs- und Aufgabegewinn auf Antrag nur insoweit zur Einkommensteuer herangezogen wird, als er 45.000 Euro übersteigt. Eine Reduzierung des **Freibetrags** nach § 16 IV 3 EStG ist ausgeschlossen, da der Veräußerungs- und Aufgabegewinn i.H.v. 55.000 Euro den Betrag von 136.000 Euro nicht übersteigt. **40**

Allerdings wird der Freibetrag jedem Steuerpflichtigen **nur einmal** gewährt (§ 16 IV 2 EStG). In unserem Gespräch haben Sie mir von keinem weiteren Gewerbebetrieb berichtet. Daher kommt dieser Freibetrag für Sie in Betracht. Sollten Sie ein weiteres Gewerbe betreiben oder an einem solchen als Mitunternehmer (§ 15 I 1 Nr. 2 EStG) beteiligt sein, sollten Sie die konkret erzielten bzw. zu erwartenden Veräußerungs- bzw. Aufgabegewinne der Höhe nach miteinander vergleichen. Kommen Sie in diesem Fall bitte noch einmal auf mich zu. **41**

2. Sonstige Einkünfte

Bei der Berechnung des Veräußerungsgewinns wird nur der Barwert der Leibrente als Veräußerungspreis berücksichtigt. Nicht im Rahmen der gewerblichen Einkünfte steuerbar ist der **Ertragsanteil** der Leibrente. Bei diesem handelt es sich um sonstige Einkünfte i.S.d. § 22 Nr. 1 S. 3 lit. a Doppelbuchst. bb EStG. Ausgehend von monatlichen Zahlungen i.H.v. 1.300 Euro beläuft sich der Jahresbetrag der Leibrente auf 15.600 Euro (= 12 Monate x 1.300 Euro). Da Sie zum voraussichtlichen Zeitpunkt der Vermögensübertragung 62 Jahre alt sein **42** werden, beträgt der – im Steuerrecht pauschaliert berechnete – Ertragsanteil 21 % (§ 22 Nr. 1 S. 3 lit. a Doppelbuchst. bb S. 4 EStG). Folglich beliefen sich Ihre sonstigen Einkünfte auf 3.276 Euro (= 21 % von 15.600 Euro).

3. Zwischenergebnis

43 Sofern Sie sich für die sofortige Versteuerung nach den §§ 16, 34 EStG entscheiden, erzielen Sie mit der Veräußerung und Aufgabe Ihrer Gaststätte eine Summe der Einkünfte i.H.v. 61.156 Euro (= 50.000 Euro + 7.880 Euro + 3.276 Euro).

IV. Var. 2: Laufende Versteuerung

44 Sofern Sie sich für die laufende Versteuerung entscheiden, gilt es bei der steuerlichen Behandlung der Einkünfte wiederkehrenden Leistungen gleichfalls zwischen dem Kapitalwert und dem Ertragswert zu unterscheiden. Die Aufteilung sowie die Bestimmung des Kapitalwerts erfolgt nach § 14 BewG.

45 Bei dem in den wiederkehrenden Leistungen enthaltenen **Ertragsanteil** handelt es sich um nachträgliche Einkünfte aus Gewerbebetrieb (§ 15 I 1 Nr. 1 i.V.m. § 24 Nr. 2 EStG). Diese sind nur zum Teil gewinnwirksam. Ihre Schlussbilanz, auf deren Grundlage der Veräußerungs- und Aufgabegewinn berechnet werden, weist unter dem Posten „Eigenkapital" ein Betriebsvermögen i.H.v. 100.000 Euro aus. Da Ihr Arbeitszimmer nicht bilanziert ist, ist diesem Betrag der Buchwert i.H.v. 17.120 Euro (siehe Rn. 38) hinzuzuaddieren. Die nach der Betriebsveräußerung bzw. Betriebsaufgabe bei Ihnen eingehenden Zahlungen bewirken lediglich eine erfolgsneutrale Vermögensumschichtung und begründen keine nachträglichen Einkünfte, soweit sie bereits in der Schlussbilanz angesetzt sind. Nur soweit die später eingehenden Zahlungen noch nicht in Ihrer Schlussbilanz enthalten waren, sind sie gewinnwirksam und begründen nachträgliche Einkünfte. Für Sie bedeutet das, dass ein steuerbarer Gewinn erst dann entsteht, sobald die Summe der wiederkehrenden Leistungen das (berichtigte) Eigenkapital der Gaststätte i.H.v. 117.120 Euro übersteigt. Dadurch wird die Besteuerung zeitlich hinausgeschoben und es entstünden keine steuerlichen Belastungen, wenn Sie sterben bevor die Summe der Zahlungen die Grenze von 117.120 Euro erreicht. Umgekehrt wird die jährliche steuerliche Belastung umso höher, je länger Sie leben.

V. Handlungsempfehlung

46 Vor dem Hintergrund, dass die laufende Besteuerung dazu führt, dass Sie die Versteuerung der aufgedeckten stillen Reserven zeitlich

hinauszögern und das Risiko besteht, dass Sie im Alter mit erheblichen Einkommensteuerforderungen konfrontiert werden, rate ich Ihnen zu der sofortigen Versteuerung. Dabei kommen Sie in den Genuss des Steuerfreibetrags (§ 16 IV 1 EStG) sowie der tariflichen Privilegierung (§ 34 EStG).

Sehr geehrter Herr Peter, ich hoffe, Ihnen mit diesen Informationen 47
geholfen zu haben. Für Rückfragen stehe ich Ihnen gerne auch telefonisch zur Verfügung.

Mit besten Grüßen
Rechtsanwalt Ruh

Teil 2:

Rechtsanwalt Ruh
Mauergasse 3
95444 Bayreuth

Finanzamt Bayreuth
Maximilianstr. 12
95444 Bayreuth

Bayreuth, 1.10.2018

Betreff: Einspruch des Herrn Anton vom 25.7.2018

Sehr geehrte Damen und Herren, 48

hiermit zeige ich an, dass ich Herrn Anton im Einspruchsverfahren gegen den Haftungsbescheid vom 16.7.2018 vertrete und versichere ordnungsgemäße **Bevollmächtigung**.

Der Einspruch ist zulässig und weitgehend begründet. Ich bitte da- 49
her, insoweit eine abhelfende Entscheidung zeitnah zu erlassen.

A. Zulässigkeit

Der von Herrn Anton am 25.7.2018 eingelegte Einspruch ist **statt-** 50
haft (§ 347 I 1 Nr. 1 AO). Der von Ihnen erlassene Haftungsbescheid vom 16.7.2018 ist ein VA auf dem Gebiet des Einkommensteuerrechts. Gegenstand des Verfahrens ist somit eine Abgabenangelegenheit i.S.d. § 347 II AO, auf die die AO nach § 1 I 1 AO Anwendung findet.

Der Einspruch wurde **form-** (§ 357 I 1 AO) und **fristgemäß** 51
(§ 355 I 1 AO) eingelegt. Als Adressat des Haftungsbescheids macht Herr Anton eine Verletzung seines Rechts auf gesetzmäßige Besteuerung (§ 85 AO) geltend; er ist daher i.S.d. § 350 AO **beschwert**.

B. Begründetheit

52 Der Einspruch ist begründet. Bei der gebotenen umfassenden Prüfung (§ 367 II 1 AO) werden Sie erkennen, dass der Haftungsbescheid formell und materiell rechtswidrig ist und Herrn Anton in seinem Recht auf gesetzmäßige Besteuerung (§ 85 AO) verletzt.

I. Rechtsgrundlage

53 Rechtsgrundlage für den Haftungsbescheid ist § 191 I 1 AO.

II. Formelle Rechtswidrigkeit

54 Der Bescheid ist formell rechtswidrig. Die nach § 91 I 1 AO gebotene Anhörung meines Mandanten ist unterblieben. Dadurch wurde Herrn Anton die Möglichkeit zur Äußerung genommen und sein Recht auf rechtliches Gehör verletzt.

III. Materielle Rechtswidrigkeit

55 Der Haftungsbescheid ist auch materiell rechtswidrig.

1. Tatbestand des § 191 I 1 AO

56 Nach § 191 I 1 AO kann durch Haftungsbescheid in Anspruch genommen werden, wer als Haftungsschuldner kraft Gesetzes für eine fremde Steuer haftet. Der Tatbestand ist hinsichtlich der Einkommensteuer für den VZ 2016 (3.000 Euro) sowie der Umsatzsteuer für den VZ 2015 (2.000 Euro) nicht erfüllt. Die Haftung meines Mandanten für Steuerschulden von Herrn Peter folgt weder aus § 25 I 1 HGB noch aus § 75 I 1 AO.

a) Keine Haftung nach § 25 I 1 HGB

57 Eine Haftung ergibt sich nicht aus § 25 I 1 HGB. Danach haftet nur derjenige für alle im Betrieb des Geschäfts begründeten Verbindlichkeiten des früheren Inhabers, der das Handelsgeschäft unter Lebenden erwirbt und es unter der bisherigen Firma fortführt. Herr Anton hat die Gaststätte unter dem Namen „Zum lustigen Anton" neu eröffnet. Die vormals von Herrn Peter gebräuchliche Firmierung „Peters Pinte" wird also nicht fortgeführt.

b) Keine Haftung nach § 75 I 1 AO

58 Betriebsübernehmer haften nach § 75 I 1 AO nur für solche Steuern, bei denen sich die Steuerpflicht auf den im Ganzen übereigneten Be-

trieb des Unternehmens gründet, wenn die Steuern seit dem Beginn des letzten, vor der Übereignung liegenden Kalenderjahrs entstanden sind und bis zum Ablauf von einem Jahr nach Anmeldung des Betriebs durch den Erwerber (§ 138 I 1 Hs. 1 AO) festgesetzt werden.

aa) Gegenständliche Begrenzung auf Betriebssteuern

Nach § 75 I 1 AO haften Betriebsübernehmer nur für solche Steuer- **59**
schulden des Veräußerers, bei denen die Steuerpflicht auf den Betrieb des Unternehmens gründet. Bei dem Betrieb eines Unternehmens können nur **betriebsbezogene Steuern**, insbesondere die Umsatzsteuer und die Gewerbesteuer, sowie betrieblich veranlasste Verbrauchsteuern entstehen. Nicht erfasst sind Einkommensteuerschulden. Die Einkommensteuer ist eine Personensteuer, die sich ausschließlich nach dem persönlichen Einkommen der steuerpflichtigen Person richtet. Die Einkünfte aus Gewerbebetrieb (§ 15 I 1 Nr. 1 EStG) sind dabei nur eine von sieben möglichen Einkunftsarten.

bb) Zeitliche Begrenzung der Haftung

Die Haftung des Betriebsübernehmers nach § 75 I 1 AO ist in zeitli- **60**
cher Hinsicht dahingehend begrenzt, dass die Steuern seit dem Beginn des letzten, vor der Übereignung liegenden Kalenderjahres entstanden und bis zum Ablauf von einem Jahr nach Anmeldung des Betriebs durch den Erwerber festgesetzt oder angemeldet worden sein müssen. Dies trifft auf die Umsatzsteuerschuld für den VZ 2015 nicht zu.

Die Übereignung i.S.d. § 75 I 1 AO ist erst mit der **tatsächlichen** **61**
Übergabe des Unternehmens vollendet; auf den Abschluss des Kaufvertrags kommt es nicht an. Die Übereignung der Gaststätte an meinen Mandanten erfolgte erst am 1.2.2018. Er haftet somit nicht für Steuern, die vor dem 1.1.2016 entstanden waren.

Die **Umsatzsteuerschuld** eines Unternehmers entsteht gemäß § 38 **62**
AO i.V.m. § 13 I Nr. 1 lit. a UStG mit dem Ablauf des Voranmeldungszeitraums, in dem die Leistungen ausgeführt worden sind. Unerheblich ist, ob und wann das Entgelt vereinnahmt wird (sog. Sollbesteuerung). Voranmeldungszeitraum für die Umsatzsteuer ist grundätzlich das Kalendervierteljahr (§ 18 II 1 UStG). Die Umsatzsteuerschuld für das vierte Quartal im VZ 2015 entstand somit mit dem Ablauf des 31.12.2015 und ist von der Haftung nach § 75 I 1 AO nicht umfasst.

2. Ermessensausübung nach § 191 I 1 AO

Das durch § 191 I 1 AO eingeräumte **Entschließungsermessen** **63**
wurde betreffend die Umsatzsteuerschuld für den VZ 2016 rechtsfehlerhaft ausgeübt. Liegt eine Entscheidung im Ermessen der Behörde,

hat sie dieses entsprechend dem Zweck der Ermächtigung auszuüben und die gesetzlichen Grenzen einzuhalten (§ 5 AO).

64 Im Rahmen des Entschließungsermessens ist die Wertung des **§ 219 S. 1 AO** zu berücksichtigen. Danach darf ein Haftungsschuldner nur dann auf Zahlung in Anspruch genommen werden, soweit die Vollstreckung in das bewegliche Vermögen des Steuerschuldners ohne Erfolg geblieben oder anzunehmen ist, dass die Vollstreckung aussichtslos sein würde. Der direkte Anwendungsbereich des § 219 S. 1 AO ist zwar auf das Erhebungsverfahren begrenzt. Die bei Erlass der Zahlungsaufforderung (§ 219 AO) anzustellenden Erwägungen entsprechen aber im Wesentlichen denen, die vor Erlass des Haftungsbescheids (§ 191 AO) anzustellen sind. Sie beruhen sämtlich auf dem Grundsatz der Subsidiarität der Haftung, der nicht erst im Erhebungsverfahren, sondern bereits vorgelagert im Festsetzungsverfahren zu beachten ist. Folglich handelt die Finanzverwaltung beim Erlass eines Haftungsbescheids rechtsmissbräuchlich und ermessensfehlerhaft, wenn erkennbar ist, dass die Voraussetzungen des § 219 S. 1 AO für die Vollstreckung offensichtlich nicht vorliegen.

65 Über die Vermögensverhältnisse von Herrn Peter haben Sie keine Untersuchungen angestellt und damit gegen die Aufklärungspflicht (§§ 85, 88 AO) verstoßen. Ohne Nachforschungen durften Sie nicht davon ausgehen, dass eine Vollstreckung der Steuerschulden bei Herrn Peter, der als Betriebsveräußerer einen nicht unerheblichen Kaufpreis vereinnahmt hat, erfolglos bleiben würde. Sie haben der Subsidiarität der Haftung meines Mandanten nicht ausreichend Rechnung getragen und somit das Entschließungsermessen rechtsfehlerhaft ausgeübt.

C. Entscheidungsform

66 Der Einspruch meines Mandanten ist zulässig und begründet. Daher ersuchen wir Sie, nach § 367 II 3 i.V.m. § 130 I AO abzuhelfen.

67 Für Rückfragen stehe ich gerne auch telefonisch zur Verfügung.

Mit freundlichen Grüßen
Rechtsanwalt Ruh

D. Hilfsgutachten

I. Heilung der unterbliebenen Anhörung

68 Der Verfahrensfehler der unterbliebenen Anhörung ist nach § 126 I Nr. 3, II AO geheilt, sobald die erforderliche Anhörung bis zum Ab-

schluss der Tatsacheninstanz eines möglicherweise nachfolgenden finanzgerichtlichen Prozesses nachgeholt wird. Ausreichend dafür ist auch eine Anhörung im Rahmen des Einspruchsverfahrens.

II. Tatbestand des § 75 I 1 AO

Die Gaststätte ist ein **Unternehmen** i.S.d. § 75 I 1 AO. Ein Unternehmen ist jede wirtschaftliche Einheit oder organisatorische Zusammenfassung persönlicher oder sachlicher Mittel zur Verfolgung wirtschaftlicher Zwecke. **69**

Die Gaststätte wurde i.S.d. § 75 I 1 AO **übereignet**. Privatrechtlich wird ein Unternehmen als Sachgesamtheit durch Rechtsgeschäfte (§§ 929 ff., 873, 925, 398 ff., 414 ff. BGB) übertragen. Der Begriff der Übereignung i.S.d. § 75 I 1 AO ist jedoch nicht ausschließlich privatrechtlich (§ 39 I AO), sondern auch wirtschaftlich (§ 39 II Nr. 1 AO) zu verstehen. Daher genügt es, wenn der Erwerber wirtschaftlich in der Lage ist, das Unternehmen wie ein Eigentümer zu betreiben. Aufgrund des notariellen Kaufvertrags vom 15.12.2017 und der dazugehörigen Verfügungsgeschäfte hat Herr Anton das Unternehmen samt Inventar erworben. Seit der Übergabe am 1.2.2018 kann er auch als Eigentümer auf den Betrieb wirtschaftlich Einfluss nehmen. **70**

Die Übereignung des Unternehmens erfolgte **im Ganzen**. Entscheidend ist, dass sich der Erwerber die wirtschaftliche Kraft des Unternehmens zuführt und daraus die rückständigen Betriebssteuern zahlen könnte. Das Kriterium ist erfüllt, wenn der gesamte Betrieb in Form der Betriebsräume, der Geschäftsausstattung einschließlich des Anlage- und Umlaufvermögen übergeht. Herr Anton hat sämtliche wesentlichen Betriebsgrundlagen übernommen. Dabei ist es unschädlich, dass das vom Veräußerer in seiner Wohnimmobilie betrieblich genutzte Arbeitszimmer nicht ebenfalls überging. **71**

Das Unternehmen ging als **lebensfähiges** und **lebendes** auf Herrn Anton über. Dieses ungeschriebene Tatbestandsmerkmal folgt aus der Voraussetzung der Unternehmensfortführung. Von einem lebensfähigen und lebenden Unternehmen ist auszugehen, wenn es ohne nennenswerte Aufwendungen fortgeführt werden kann. Die vorübergehende Schließung bis zum 1.3.2018 für Umbauarbeiten steht dem nicht entgegen. Der in diesem Zeitraum getätigte Aufwand war für die Fortführung nicht erforderlich; die Umbaumaßnahmen sollten lediglich die Attraktivität der Gaststätte steigern. **72**

III. Beschränkungen der Haftung

1. Vereinbarter Haftungsausschluss

73 Der zwischen den Parteien im Kaufvertrag vereinbarte Haftungsausschluss vermag die Haftung des Betriebsübernehmers nicht abzuwenden. Der Haftungsanspruch entsteht gemäß §§ 38, 75 I 1 AO mit der Verwirklichung des gesetzlichen Tatbestands und kann durch privatrechtliche Vereinbarung nicht zu Lasten des FA ausgeschlossen werden. Eine derartige Beschränkung der Eingriffsverwaltung ist aufgrund ihrer Wirkung zu Lasten Dritter – der Allgemeinheit – unwirksam. Die Vereinbarung kann aber in einen zivilrechtlichen Freistellungs- bzw. Regressanspruch von Herrn Anton gegen Herrn Peter umgedeutet werden (§ 140 BGB).

2. Zeitliche Begrenzung der Haftung

74 In zeitlicher Hinsicht von der Haftung umfasst ist die Umsatzsteuerschuld für den VZ 2016. Eine Inanspruchnahme des Betriebsübernehmers ist nach § 75 I 1 AO nur solange möglich, als die haftungsgegenständliche Steuerschuld bis zum Ablauf von einem Jahr nach Anmeldung des Betriebs durch den Erwerber festgesetzt oder angemeldet wird. Die Anmeldung der Neueröffnung der Gaststätte (§ 138 I 1 Hs. 1 AO) gegenüber der Gemeinde erfolgte am 12.3.2018. Folglich erstreckt sich die Haftung auf Steuerschulden, die bis zum 12.3.2019 (§ 108 I AO i.V.m. §§ 187 I, 188 II Alt. 1 BGB) festgesetzt oder angemeldet werden. Im Rahmen der Umsatzsteuer erfolgt keine Steuerfestsetzung durch Steuerbescheid (§ 155 I AO). Vielmehr wird die Steuerschuld in einer vom Steuerpflichtigen selbst vorzunehmenden Voranmeldung berechnet, die nach § 168 S. 1 AO die Wirkung einer Steuerfestsetzung entfaltet. Gemäß § 18 I 1 UStG hat der Steuerpflichtige die Voranmeldung innerhalb von zehn Tagen nach Ablauf des Voranmeldungszeitraums zu übermitteln, was angabegemäß durch den Veräußerer Herrn Peter erfolgt ist.

3. Begrenzung der Höhe der Haftung, § 75 I 2 AO

75 Nach § 75 I 2 AO ist die Haftung auf den Bestand des übernommenen Vermögens beschränkt. Dadurch wird die Haftung, die ihrer Natur nach eine persönliche ist, der Höhe nach beschränkt. Will der Erwerber nicht zahlen, hat er nach § 75 I 2 AO nur die verhafteten Gegenstände zum Zweck der Zwangsvollstreckung herauszugeben. Die Haftungsbegrenzung des § 75 I 2 AO ist vorliegend ohne Bedeutung, da der Wert des Betriebsvermögens (100.000 Euro) die Haftungsschuld (8.000 Euro) deutlich übersteigt.

IV. Festsetzungsverjährung, § 191 III AO

Nach § 191 III 1 i.V.m. § 169 I 1 AO ist der Erlass von Haftungsbescheiden nicht mehr zulässig, wenn die Festsetzungsfrist abgelaufen ist. Die Festsetzungsfrist beträgt vier Jahre (§ 169 II Nr. 2 AO) und beginnt gemäß § 170 I AO mit dem Ablauf des Kalenderjahres, in dem der haftungsbegründende Tatbestand verwirklicht worden ist. Hinsichtlich der Haftung nach § 75 I 1 AO ist dies das Jahr der Betriebsübernahme, also das Jahr 2018. Folglich kann der Haftungsbescheid bis zum Ablauf des Jahres 2022 (§ 108 I AO i.V.m. §§ 187 I, 188 II Alt. 1 BGB) erlassen, aufgehoben und geändert werden. **76**

V. Vorwirkung des § 219 S. 1 AO im Entschließungsermessen

In einem Mandantenschreiben wäre Herr Anton darauf hinzuweisen, dass der BFH über die entsprechende Anwendung des § 219 S. 1 AO im Rahmen der Ermessensausübung des § 191 I AO noch nicht entschieden hat. In der Literatur wird die Anwendung jedoch ganz überwiegend befürwortet. Nimmt man mit der ganz überwiegenden Ansicht in der Literatur eine Vorwirkung des § 219 S. 1 AO auf das Festsetzungsverfahren an, erscheint es konsequent, auch § 219 S. 2 AO bei der Ermessensausübung zu berücksichtigen. Danach gilt die Einschränkung u. a. dann nicht, wenn der Haftungsschuldner gesetzlich verpflichtet war, Steuern einzubehalten und abzuführen. Da vorliegend aber nicht Herr Anton als Haftungsschuldner, sondern Herr Peter als Hauptschuldner verpflichtet war, die Umsatzsteuer einzubehalten und abzuführen, sollte Herr Anton keine freiwilligen Zahlungen auf den Haftungsbescheid leisten. Jedenfalls der Erhebung der Haftungsschuld stünde § 219 S. 1 AO in direkter Anwendung entgegen. **77**

Zur Vertiefung:

🕮 *Dillberger/Fest*, Einkommensteuer und Abgabenordnung, 3. Aufl. 2016, Rn. 273 ff., 298 ff., 316 ff., 345 ff., 428 ff., 687 ff.

Fall 6. Arnie & Bert KG

Sachverhalt

Teil 1:

Die im Handelsregister eingetragene Arnie & Bert KG ist ein mittelständisches Bauunternehmen mit Sitz in Rosenheim. Da Berts Haftung auf die geleistete Einlage beschränkt ist, wird er an dem Gewinn und Verlust der Gesellschaft zu 20 % beteiligt, während Arnie unbeschränkt haftet. Ferner wurde Cermit gegen Zahlung eines Betrags i.H.v. 150.000 Euro aufgenommen, wofür er im Gegenzug 10 % des erwirtschafteten Erfolgs erhält. Vereinbart ist, dass Cermit im Falle seines Ausscheidens nur die geleistete Einlage zurückerhält. Auf laufende Unternehmensentscheidungen haben Bert und Cermit keinen Einfluss. Ihren Gewinn ermittelt die KG seit jeher in einem vom Kalenderjahr abweichenden Wirtschaftsjahr (1.10. bis 30.9.).

Im Wirtschaftsjahr 2016/2017 betrug der Jahresüberschuss unter Berücksichtigung der folgenden Geschäftsvorfälle 500.000 Euro:

Im Rahmen der Modernisierung der Büroräume der KG wurden zum 1.4.2017 zwei neue Kopiergeräte (gewöhnliche Nutzungsdauer vier Jahre) für jeweils 1.000 Euro angeschafft, die linear mit dem vollen Jahresbetrag abgeschrieben werden. Gleichzeitig wurden vier Flachbildschirme (gewöhnliche Nutzungsdauer vier Jahre) für jeweils 200 Euro, zwei Schreibtischlampen für jeweils 100 Euro sowie ein Vorrat an Büromaterial (Druckerpapier, Stifte) für insgesamt 200 Euro geliefert. Diese Beträge werden in einem gemeinsamen Sammelposten gleichmäßig auf drei Jahre abgeschrieben.

Vom Kommanditisten Bert mietete die KG für ein monatliches Entgelt von 1.000 Euro ein Grundstück samt Lagerhalle. Den Aufwand verbuchte sie als Betriebsausgabe. Die August- und Septembermieten wurden aufgrund eines Versehens erst Mitte Oktober 2017 überwiesen. Das unbebaute Grundstück hatte Bert vor vielen Jahren von seinem Großvater geerbt. Nachdem sich der Bedarf der KG abzeichnete, stellte Bert im Januar 2012 einen Bauantrag, errichtete im Laufe des Jahres 2012 eine Lagerhalle für 50.000 Euro und vermietete sie seit dem 1.10.2012 an die KG. Der Grund und Boden hatte zu diesem Zeitpunkt einen Wert von 50.000 Euro. Abgeschlossen wurde ein auf fünf Jahre befristeter Mietvertrag. Da Bert das Grundstück, dessen Wert mittlerweile auf 200.000 Euro gestiegen war, nunmehr privat nutzen wollte, wurde der Mietvertrag nicht verlängert.

Der auf diese Weise ermittelte Gewinn wurde in der Steuererklärung der KG im Verhältnis 350.000 Euro, 100.000 Euro und 50.000 Euro den Beteiligten Arnie, Bert und Cermit zugerechnet. Hingegen erließ das FA Rosenheim einen am 1.2.2018 zur Post gegebenen, mit ordnungsgemäßer Rechtsbehelfsbelehrung versehenen, Feststellungsbescheid, adressiert an die Arnie & Bert KG, in welchem es zwar den von der KG erklärten Gewinn zugrunde legte, aber insoweit von den Angaben abwich, als es den Gesamtgewinn im Verhältnis 400.000 Euro zu 218.000 Euro den Gesellschaftern Arnie und Bert zuwies. Cermits Anteil wurde als Betriebsausgabe angesehen. Unter Hinweis auf die Gesamtwirkung der Bekanntgabe wurde der Bescheid an Bert übermittelt, der ihn am 20.2.2018 an Arnie weitergab. Empört über die getroffenen Feststellungen legte Arnie am 15.3.2018 schriftlich, aber ohne nähere Begründung, Einspruch beim FA Rosenheim ein.

Teil 2:

Nachdem der Feststellungsbescheid im August 2018 an die richtige Rechtslage angepasst wurde, wurde Arnie durch das FA Miesbach durch Einkommensteuerbescheid vom 11.10.2018 veranlagt. Auch gegen diesen Bescheid ging Arnie (fristgemäß) mittels Einspruchs vor. Seiner Ansicht nach seien folgende Ausgaben anzuerkennen: Zum einen war er im Herbst 2016 mit seinem privaten Pkw zu einer Baumaschinenmesse nach Wien gefahren, um sich dort über aktuelle Entwicklungen zu informieren. Die Fahrtkosten hatte er zunächst irrtümlich für nicht abziehbar gehalten und daher nicht angegeben. Dies wolle er nun nachholen. Zum anderen legte Arnie eine Spendenquittung aus dem Jahr 2017 vor, die seine Haushaltshilfe vor kurzem unter dem Wohnzimmersofa gefunden hatte.

Bearbeitervermerk:

Teil 1: In einem Gutachten, das auf alle aufgeworfenen Rechtsfragen eingeht, sind die Erfolgsaussichten des eingelegten Rechtsbehelfs zu beurteilen. Arnie wohnt im Zuständigkeitsbereich des FA Miesbach, Bert und Cermit wohnen im Zuständigkeitsbereich des FA Rosenheim. Auf umsatzsteuerliche Aspekte ist nicht einzugehen. Inwieweit wäre Bert einspruchsbefugt?

Teil 2: Hat der Einspruch Aussicht auf Erfolg? Was ist Arnie zu raten?

Gliederung

Teil 1:

A. Zulässigkeit
  I. Statthaftigkeit
  II. Form, Frist
    1. Adressierung
    2. Übermittlung
  III. Beschwer, Einspruchsbefugnis
  IV. Zwischenergebnis
B. Begründetheit
  I. Rechtsgrundlage
  II. Formelle Rechtmäßigkeit
  III. Materielle Rechtmäßigkeit
    1. Persönliche Steuerpflicht
    2. Einkünftequalifikation
    3. Ermittlung der Gewinnanteile
      a) Gewinnermittlungsmethode
      b) Gewinnermittlungszeitraum
      c) Betriebsvermögensvergleich
      d) Zurechnung an die Mitunternehmer
    4. Berts Sonderbetrieb
      a) Laufendes Sonderbetriebsergebnis
      b) Entnahme aus dem Sonderbetrieb
    5. Zwischenergebnis
  IV. Rechtsverletzung
C. Entscheidungsform
D. Berts Einspruchsbefugnis

Teil 2:

A. Erfolgsaussichten des Einspruchs
  I. Zulässigkeit
  II. Begründetheit
  III. Ergebnis
B. Weiteres Vorgehen

Lösung

Teil 1:

Der Rechtsbehelf hat Erfolg, wenn er zulässig und begründet ist. 1

A. Zulässigkeit

Der Einspruch ist zulässig, wenn der Rechtsbehelf an sich statthaft 2
und in der gesetzlichen Form und Frist eingelegt ist. Des Weiteren müsste Arnie einspruchsbefugt sein.

I. Statthaftigkeit

Nach § 347 I 1 Nr. 1 AO ist das Einspruchsverfahren gegen VA in 3
Abgabenangelegenheiten i.S.d. § 347 II AO statthaft, auf die die AO Anwendung findet. Angegriffen ist der Feststellungsbescheid vom 1.2.2018, in welchem die Einkünfte der Gesellschafter der Arnie & Bert KG einheitlich gegenüber den Gesellschaftern in einem gesonderten Verfahren (§§ 179 I, II 2, 180 I Nr. 2 lit. a AO) mit verbindlicher Wirkung (§ 182 I 1 AO) festgestellt wurden. Die AO ist anwendbar (§§ 1 I, III, 3 I AO).

II. Form, Frist

Der Einspruch wurde **schriftlich** und damit formgemäß (§ 357 I 1, 4
II 1 AO) bei der erlassenden Behörde eingelegt. Eine Begründung ist nicht erforderlich.

Fraglich ist allerdings die **Fristwahrung**. Nach § 355 I 1 AO hat die 5
Einlegung innerhalb eines Monats nach Bekanntgabe zu erfolgen. Eine Fristverlängerung auf ein Jahr (§ 356 II AO) ist aufgrund der beigefügten ordnungsgemäßen Rechtsbehelfsbelehrung nicht eingetreten. Die Fristberechnung erfolgt nach § 108 I AO i.V.m. §§ 187 I, 188 II BGB.

Fristauslösendes Ereignis ist die **Bekanntgabe**. Im Falle der Über- 6
mittlung durch einfachen Brief nach § 122 II Nr. 1 Hs. 1 AO wird die Bekanntgabe grundsätzlich am dritten Tag nach der Aufgabe zur Post fingiert. Nach § 122 I 1 AO ist ein VA demjenigen bekannt zu geben, für den er bestimmt ist. Er wird nach § 124 I 1 AO nur gegenüber demjenigen wirksam, für den er bestimmt ist oder der von ihm betroffen wird. Wird der Adressat (d. h. derjenige, für den der VA bestimmt ist) nicht genau bezeichnet, liegt keine ordnungsgemäße Bekanntgabe und damit auch kein wirksamer VA vor.

1. Adressierung

7 Richtiger Adressat ist grundsätzlich derjenige, für den der VA seinem Inhalt nach bestimmt ist oder der von ihm betroffen wird (§ 122 I 1 AO). Dies ist in der Regel der Steuerschuldner. Ein **einheitlicher Feststellungsbescheid** nach § 179 I, II 2 AO, der die Besteuerungsgrundlagen (§ 157 II AO) gegenüber mehreren Personen verbindlich regelt, ist an alle Feststellungsbeteiligten, also alle für die er bestimmt ist oder die von ihm betroffen werden (sog. Inhaltsadressaten), zu adressieren (§§ 122 I 1, 124 I AO).

8 Einkommensteuerpflichtig sind nach § 1 I 1 EStG nur natürliche Personen. Betroffen sind daher nicht die Personengesellschaften – hier: teilrechtsfähige Arnie & Bert KG (§§ 124 I, 161 II HGB) –, sondern aufgrund der sog. **transparenten Besteuerung** nur die an ihr beteiligten Gesellschafter. Demnach ist der Bescheid über die einheitliche Feststellung des Gewinns der Personengesellschaft an die Gesellschafter zu adressieren, wenn diese als Mitunternehmer anzusehen sind. Dabei ist es aber nicht notwendig, alle Gesellschafter (als Adressaten) im Anschriftenfeld des Bescheids aufzuführen. Es genügt, wenn die Personengesellschaft als solche bezeichnet wird (sog. Sammelbezeichnung) und sich alle Gesellschafter eindeutig als Adressaten aus dem für die Verteilung des Gewinns vorgesehenen Teil des Bescheids ergeben.

2. Übermittlung

9 Ein einheitlicher und gesonderter Feststellungsbescheid erlangt volle Wirksamkeit, sobald er allen Feststellungsbeteiligten bekannt gegeben wird. Da der Bescheid alle Gesellschafter der KG betrifft, ist es problematisch, dass der Bescheid nicht an alle Gesellschafter, sondern ausschließlich dem Gesellschafter Bert übermittelt wurde. Nach § 122 I 3 AO kann ein Bescheid auch gegenüber einem Bevollmächtigten bekannt gegeben werden. Für Fälle der einheitlichen und gesonderten Feststellung enthält § 183 AO eine spezielle Regelung gegenüber § 80 AO. Danach sollen die Gesellschafter einen **gemeinsamen Empfangsbevollmächtigten** bestellen (§ 183 I 1 AO). Subsidiär gilt der zur Vertretung der Gesellschaft Berechtigte als Empfangsbevollmächtigter (§ 183 I 2 AO).

10 Kraft Gesetzes und mangels abweichender Vereinbarungen im Gesellschaftsvertrag wird eine KG grundsätzlich durch ihre Komplementäre vertreten (**§§ 125 I, 170 HGB**). Diese haben auch die steuerlichen Pflichten wahrzunehmen (§ 34 I 1 AO). Da ein gemeinsamer Empfangsbevollmächtigter nicht bestellt war, hätte die Übermittlung gemäß § 183 I 2 AO an Arnie als einzigen Komplementär erfolgen müssen. Nur dann würde die Bekanntgabe Wirkung für und gegen alle Feststellungsbeteiligten entfalten. Die tatsächliche Übermittlung an den Kom-

manditisten Bert wirkt hingegen nicht für und gegen alle Feststellungsbeteiligten.

Die Bekanntgabe für und gegen alle Feststellungsbeteiligten könnte dadurch eingetreten sein, dass Bert den Feststellungsbescheid am 20.2.2018 an Arnie weitergab. Gemäß **§ 8 VwZG** gilt ein Schriftstück, das unter Verletzung zwingender Zustellungsvorschriften zugegangen ist, in dem Zeitpunkt als zugestellt, zu dem es dem Empfangsberechtigten tatsächlich zugegangen ist. Der Rechtsgedanke des an sich für die Heilung von Mängeln der (förmlichen) Zustellungen geltenden § 8 VwZG ist aufgrund der vergleichbaren Interessenlage und der Tatsache, dass eine vergleichbare Regelung im Bereich der formlosen Bekanntgabe fehlt, erst recht auch auf Mängel der formlosen Bekanntgabe anzuwenden. Demnach wurde die fehlerhafte Bekanntgabe mit der Weitergabe des Bescheids an Arnie am 20.2.2018 mit Wirkung ex nunc geheilt. Die Einspruchsfrist begann somit am 21.2.2018 und endete mit Ablauf des 20.3.2018 (§ 108 I AO i.V.m. §§ 187 I, 188 II BGB); sie ist durch die formgerechte Einlegung des Einspruchs am 15.3.2018 gewahrt. 11

III. Beschwer, Einspruchsbefugnis

Der Steuerpflichtige kann die Überprüfung eines VA nur erreichen, wenn er vorträgt, persönlich durch den VA belastet zu sein. Befugt, Einspruch einzulegen, ist daher nur derjenige, der geltend macht, durch einen VA persönlich beschwert zu sein (§ 350 AO). Wird ein **belastender VA** angegriffen, folgt die mögliche sachliche Beschwer bereits aus dem Tenor des VA. 12

Bei Anwendung dieser Grundsätze sind durch eine gesonderte Feststellung der Besteuerungsgrundlagen alle darin genannten Beteiligten betroffen (§ 179 II 2, 124 I AO) und somit beschwert i.S.d. § 350 AO. Um divergierende Rechtsbehelfe zu verhindern, besteht das verfahrensökonomische Bedürfnis die Einspruchsbefugnis zu beschränken. Daher kann nach **§ 352 I Nr. 1 AO** nur der zur Vertretung berufene geschäftsführende Gesellschafter Einspruch mit Wirkung für und gegen die übrigen Beteiligten einlegen. Als einziger Komplementär der KG ist Arnie nach den §§ 125 I, 161 II HGB zur Alleinvertretung der KG berufen. Der von ihm eingelegte Einspruch wird somit der KG zugerechnet. Dies führt dazu, dass die KG im Einspruchsverfahren die Rechte ihrer Gesellschafter im Wege einer gesetzlichen Verfahrensstandschaft wahrnimmt. 13

IV. Zwischenergebnis

14 Der Einspruch ist zulässig.

B. Begründetheit

15 Der Einspruch ist begründet, wenn und soweit der angegriffene Feststellungsbescheid vom 1.2.2018 rechtswidrig ist und die steuerpflichtigen Gesellschafter in ihrem Recht auf gesetzmäßige Besteuerung (§ 85 AO) verletzt. Hierzu besteht eine umfassende Prüfungs- und Entscheidungskompetenz der Finanzbehörde (§ 367 II 1 AO).

I. Rechtsgrundlage

16 Die Feststellung der Besteuerungsgrundlagen erfolgt grundsätzlich in demselben Bescheid wie die Steuerfestsetzung. Dabei bilden die Besteuerungsgrundlagen als Teil der Begründung einen nicht selbständig anfechtbaren Bestandteil des Steuerbescheids (§ 157 II AO). Abweichend von diesem Grundsatz werden die Besteuerungsgrundlagen durch Feststellungsbescheid gesondert festgestellt, soweit dies durch Gesetz bestimmt ist (§ 179 I, II 2 AO). Der Zweck der gesonderten Feststellung besteht in einer Hilfsfunktion gegenüber dem Steuerfestsetzungsverfahren, da der Inhalt eines Feststellungsbescheids als **Grundlagenbescheid** (§ 171 X AO) für die Folgebescheide im Umfang des § 182 I 1 AO bindend ist. Aufgrund dieser Bindungswirkung dient die gesonderte Feststellung der Rechtssicherheit, der Gleichmäßigkeit der Besteuerung und der Verwaltungsvereinfachung. Vorliegend ist eine gesonderte Feststellung nach § 180 I 1 Nr. 2 lit. a AO geboten.

II. Formelle Rechtmäßigkeit

17 Die örtliche Zuständigkeit für die gesonderte Feststellung ist abweichend von § 19 AO in § 18 AO geregelt. Gemäß § 18 I AO ist vorrangig nach der festzustellenden Einkunftsart zu unterscheiden. Die Arnie & Bert KG ist ein mittelständisches Bauunternehmen und erzielt gewerbliche Einkünfte i.S.d. § 15 II 1 EStG. Nach § 18 I Nr. 2 AO ist somit das sog. **Betriebsfinanzamt** zuständig, in dessen Bezirk sich die Geschäftsleitung (§ 10 AO) befindet. Das handelnde FA Rosenheim war somit örtlich zuständig.

III. Materielle Rechtmäßigkeit

Die Feststellung der Besteuerungsgrundlagen ist materiell rechtmäßig, wenn sie dem EStG entspricht. 18

1. Persönliche Steuerpflicht

In zivilrechtlicher Hinsicht verpflichteten sich die Beteiligten zur Erreichung eines gemeinsamen Zwecks wechselseitig Beiträge zu erbringen (§ 705 BGB i.V.m. §§ 161 II, 105 III HGB). Zweck der Gesellschaft in Rechtsform einer KG ist der Betrieb eines mittelständischen Bauunternehmens (§ 1 II HGB). Obwohl die KG eine teilrechtsfähige (§§ 124 I, 161 II HGB) Personenhandelsgesellschaft ist, ist sie als solche nicht einkommensteuerpflichtig. Steuersubjekte der Einkommensteuer sind nach § 1 I 1 EStG nur natürliche Personen. Wird jedoch der Personengesellschaft die Eigenschaft als Steuersubjekt gänzlich verweigert (§ 39 II Nr. 2 AO), richtet sich die subjektive Steuerpflicht der durch sie erzielten Einkünfte ausschließlich nach der subjektiven Steuerpflicht der durch sie verbundenen Gesellschafter. Im Wege einer sog. **transparenten Besteuerung** ist durch die Personengesellschaft hindurchzusehen. Nur die einzelnen Gesellschafter sind als natürliche Personen mit Wohnsitzen in Oberbayern unbeschränkt einkommensteuerpflichtig (§ 1 I EStG i.V.m. § 8 AO). Die KG ist lediglich Einkünfteerzielungs- und Einkünftezurechnungssubjekt ihrer Gesellschafter. 19

2. Einkünftequalifikation

Die KG erwirtschaftet Einkünfte aus Gewerbebetrieb, da sie selbständig eine auf Wiederholung angelegte und damit nachhaltige Tätigkeit ausübt, die mit der Absicht Gewinn zu erzielen unternommen wird und sich dabei als Beteiligung am allgemeinen wirtschaftlichen Verkehr darstellt (§ 15 II 1 EStG). Eine selbständige Tätigkeit (§ 18 EStG) scheidet für ein mittelständisches Bauunternehmen ebenso aus wie Einkünfte aus Land- und Forstwirtschaft (§ 13 EStG) oder eine rein private Vermögensverwaltung (§ 14 S. 3 AO). Für die an der KG als Mitunternehmer Beteiligten sind als Einkünfte aus Gewerbebetrieb (§§ 2 I 1 Nr. 2, 15 I 1 Nr. 2 EStG) jedoch nicht nur die **Gewinnanteile** anzusehen (§ 15 I 1 Nr. 2 S. 1 Alt. 1 EStG), sondern auch die gewährten **Sondervergütungen** (§ 15 I 1 Nr. 2 S. 1 Alt. 2 EStG). Folglich sind zunächst die Einkünfte der KG zu bestimmen und den Mitunternehmern anteilig zuzurechnen; anschließend sind die Einkünfte aus den vertraglichen Sonderbeziehungen der Mitunternehmer zu ihrer Gesellschaft einzubeziehen. 20

3. Ermittlung der Gewinnanteile

21 Zunächst ist der Gewinn auf Ebene der Arnie & Bert KG zu ermitteln und sodann den Beteiligten anteilig zuzurechnen.

a) Gewinnermittlungsmethode

22 Die Höhe der Einkünfte richtet sich bei den Einkunftsarten des § 2 I Nrn. 1–3 EStG nach dem gemäß §§ 4 ff. EStG zu ermittelnden Gewinn (§ 2 II 1 Nr. 1 EStG). Die in Betreff der Kaufleute geltenden Vorschriften finden gemäß § 6 I HGB auch auf Personenhandelsgesellschaften Anwendung. Daher ist die KG gemäß **§ 238 I HGB** zur Buchführung verpflichtet. Eine Ausnahme nach § 241a S. 1 HGB scheidet aus: Zum einen ist der Anwendungsbereich nach dem Wortlaut auf Einzelkaufleute beschränkt, zum anderen beträgt der Jahresüberschuss der KG mehr als 50.000 Euro. Abgeleitet aus der handelsrechtlichen Pflicht zur Bilanzierung ist die KG nach **§ 140 AO** derivativ auch in steuerlicher Hinsicht verpflichtet, Bücher zu führen. Sie hat ihren Gewinn nach § 5 I 1 EStG i.V.m. § 4 I EStG zu ermitteln.

b) Gewinnermittlungszeitraum

23 Der Gewinn ist nach dem jeweiligen **Wirtschaftsjahr** zu ermitteln (§§ 4 I 1, 4a I 1 EStG). Dieses ist bei Gewerbetreibenden, deren Firma im Handelsregister eingetragen ist, der Zeitraum, für den sie regelmäßig Abschlüsse machen (§ 4a I 2 Nr. 2 S. 1 EStG). Dieser Zeitraum ist mangels handelsrechtlicher Bestimmung frei wählbar (§§ 240, 242 HGB). Die KG ermittelt ihren Jahresüberschuss seit jeher für einen Zeitraum vom 1.10. bis zum 30.9. des Folgejahres. Da somit keine erstmalige Abweichung vom Kalenderjahr getroffen wurde, ist die Zustimmung des FA nach § 4a I 2 Nr. 2 S. 2 EStG nicht erforderlich. Maßgebend für die gesonderte Feststellung (§§ 179 II 2, 180 I Nr. 2 lit. a AO) ist folglich nur der Zeitraum vom 1.10.2016 bis zum 30.9.2017.

c) Betriebsvermögensvergleich

24 Gewinn ist gemäß § 4 I 1 EStG der Unterschiedsbetrag zwischen dem Betriebsvermögen am Schluss und dem am Anfang des Wirtschaftsjahres, vermehrt um die Entnahmen und vermindert um die Einlagen. Aufgrund der handelsrechtlichen Bilanzierungspflicht (§§ 6 I, 238 I HGB) ist nach dem **Grundsatz der Maßgeblichkeit** (§ 5 I 1 EStG) das Betriebsvermögen anzusetzen, das sich aus den handelsrechtlichen Vorschriften ergibt, soweit nicht die §§ 5–7k EStG Abweichungen vorsehen.

aa) Ansatz des Anlagevermögens

Fraglich ist, ob die erfolgte Behandlung der Aufwendungen für Kopiergeräte, Flachbildschirme, Schreibtischlampen und Büromaterial den einkommensteuerlichen Vorschriften entspricht. Die Aufwendungen sind durch den Gewerbebetrieb veranlasst (§ 4 IV EStG), stellen also Betriebsausgaben dar. Allerdings könnten sie in der Steuerbilanz (§ 60 II EStDV) zeitlich abweichend von dem Zahlungsvorgang anzusetzen sein. Da die aufgeführten Wirtschaftsgüter dem Betrieb auf Dauer zu dienen bestimmt sind, handelt es sich um Gegenstände des Anlagevermögens i.S.d. § 247 II HGB. Ihre Anschaffungskosten sind gemäß den §§ 253 III, 255 I HGB um planmäßige Abschreibungen zu mindern. Während das Handelsrecht hierfür kaum Vorgaben enthält, bestehen im Einkommensteuerrecht zwingende Vorschriften für die **Absetzung für Abnutzung** (AfA). Dabei sind vorrangig die speziellen Regelungen des § 6 II, IIa EStG anzuwenden; auf die allgemeine Vorschrift des § 7 EStG ist nur subsidiär zurückzugreifen. 25

(1) Geringwertige Wirtschaftsgüter

Nach § 6 II 1 EStG sind die Anschaffungskosten für Wirtschaftsgüter, die einer selbständigen Nutzung fähig sind, im Wirtschaftsjahr der Anschaffung in voller Höhe als Betriebsausgaben anzusetzen, wenn die Anschaffungskosten **150 Euro netto** nicht übersteigen. Einer selbständigen Nutzung in diesem Sinne ist ein Wirtschaftsgut nach § 6 II 2 EStG nur dann nicht fähig, wenn es nach seiner betrieblichen Zweckbestimmung nur zusammen mit anderen Wirtschaftsgütern des Anlagevermögens in technisch aufeinander abgestimmter Weise genutzt werden kann. 26

Die beiden Schreibtischlampen können nicht nur im Zusammenhang mit anderen Wirtschaftsgütern, sondern auch für sich genommen benutzt werden, so dass die Anschaffungskosten i.H.v. jeweils 100 Euro im Wirtschaftsjahr 2016/2017 in voller Höhe abzuziehen sind. Gleiches gilt für den Vorrat an Büromaterial. Dieser setzt sich aus Druckerpapier und Stiften zusammen und ist daher dem Grunde nach zu „atomisieren“. Da diese Einzelteile aufgrund ihrer tatsächlichen Verwendung und ihrer konkreten betrieblichen Funktion jeweils Wirtschaftsgüter und damit Abschreibungseinheiten darstellen, ist es unschädlich, dass der Gesamtbetrag der Anschaffungskosten 150 Euro übersteigt. Abhängig vom Einzelfall könnte das Büromaterial sogar als Umlaufvermögen einzuordnen sein. Auch dieser Aufwand wäre sofort abzugsfähig. 27

(2) Poolabschreibung

28 Dagegen betrugen die Anschaffungskosten für die zwei Kopiergeräte jeweils 1.000 Euro und für die vier Flachbildschirme jeweils 200 Euro. Für sie kann ein Sammelposten nach § 6 IIa EStG gebildet werden, wenn die Wirtschaftsgüter einer selbständigen Nutzung fähig sind (§ 6 IIa 1 EStG). Diese Voraussetzung erfüllen nur die Kopiergeräte, da sie auch für sich genommen ohne Unterstützung durch ein weiteres Wirtschaftsgut (z. B. einen Computer) sinnvoll bedient werden können. Dagegen kann ein Computerbildschirm seine Funktion nur in Verbindung mit dem Rechner, der Maus und der Tastatur erfüllen. Er ist damit wesentliches Element eines PC und kein selbständiges geringwertiges Wirtschaftsgut i.S.d. § 6 II 2, IIa 1 EStG. Ein Sammelposten kommt damit nur für die Kopiergeräte in Betracht. Dabei ist außerdem die gesetzliche Wertgrenze einzuhalten. Ein Sammelposten kann nur für Wirtschaftsgüter gebildet werden, deren Anschaffungskosten zwar 150 Euro, nicht aber 1.000 Euro übersteigen. Die Anschaffungskosten der Kopiergeräte von jeweils 1.000 Euro halten sich im betragsmäßigen Rahmen des § 6 IIa 1 EStG.

29 Problematisch ist jedoch, dass § 6 IIa 1 EStG („kann") als **Wahlrecht** ausgestaltet ist. Damit kann der Steuerpflichtige wählen, ob er die Wirtschaftsgüter in einem Sammelposten – und damit über fünf Jahre – oder einzeln über die allgemeine AfA absetzen möchte. Vorliegend wurden die Kopiergeräte linear mit dem vollen Jahresbetrag abgeschrieben. Insofern könnte das Wahlrecht zugunsten der regulären Abschreibung ausgeübt worden sein. Zu beachten ist jedoch, dass das Wahlrecht nur einheitlich für alle im Wirtschaftsjahr angeschafften Wirtschaftsgüter ausgeübt werden kann (§ 6 IIa 5 EStG). Die Arnie & Bert KG hat jedoch durch die Bildung eines Sammelpostens für die übrigen angeschafften Wirtschaftsgüter zum Ausdruck gebracht, dass sie das Wahlrecht zugunsten der Poolabschreibung ausüben möchte. Daran muss sie sich festhalten lassen. Somit sind die Kopiergeräte ebenfalls in den Sammelposten einzubeziehen, der nach § 6 IIa 2 EStG über fünf Jahre gewinnmindernd aufzulösen ist. Auf den Anschaffungszeitpunkt der jeweiligen Wirtschaftsgüter kommt es dabei nicht an.

(3) Absetzung für Abnutzung

30 Der Computerbildschirm ist ein wesentliches Element eines PC und kein selbständiges geringwertiges Wirtschaftsgut i.S.d. § 6 II 2, IIa 1 EStG. Folglich sind die Flachbildschirme gemäß § 7 EStG abzuschreiben. Nach § 7 I EStG ist eine **lineare Verteilung** auf die voraussichtliche Gesamtdauer der Nutzung vorzunehmen. Daher sind die Anschaffungskosten i.H.v. insgesamt 800 Euro auf die gewöhnliche Nutzungs-

dauer von vier Jahren gleichmäßig zu verteilen (§ 7 I 1 EStG). Folglich ergibt sich für das Wirtschaftsjahr 2016/2017 ein Jahresbetrag von insgesamt 200 Euro (= 800 Euro / 4 Jahre). Da das Büro zum 1.4.2017 modernisiert und die Gegenstände zu diesem Zeitpunkt geliefert wurden (§ 9a EStDV), ist der Ansatz gemäß § 7 I 4 EStG pro rata temporis im Verhältnis zum Wirtschaftsjahr aufzuteilen (d. h. 6 von 12 Monaten, also ½) und darf folglich nur i.H.v. 100 Euro betragen.

(4) Zwischenergebnis

Die einzelnen Ansätze in dem Feststellungsbescheid sind materiell- **31**
rechtlich fehlerhaft. Saldiert gleichen sich die gewinnerhöhenden und gewinnreduzierenden steuerlich richtigen Ansätze jedoch aus, so dass sich keine Auswirkung auf den Unterschiedsbetrag nach den §§ 5 I 1, 4 I 1 EStG ergibt.

bb) Cermits Anteil

Neben Arnie und Bert ist auch Cermit an der KG beteiligt. Die zi- **32**
vilrechtliche Einbindung allein genügt jedoch nicht, um ihm die Gewinnanteile der KG steuerlich nach § 15 I 1 Nr. 2 Alt. 1 EStG unmittelbar zuzurechnen. Erforderlich ist vielmehr, dass er **Mitunternehmer** i.S.d. § 15 I 1 Nr. 2 EStG ist. Die Mitunternehmerschaft ist nicht mit der zivilrechtlichen Mitgliedschaft gleichzusetzen, sondern ein eigenständiger steuerrechtlicher Typusbegriff. Dabei setzt die Stellung als Mitunternehmer voraus, dass der Beteiligte in eine Gesellschaft zivilrechtlich eingebunden ist, Mitunternehmerrisiko trägt und Mitunternehmerinitiative entwickeln kann. Beide Merkmale sind für die Stellung als Mitunternehmer konstitutiv und müssen kumulativ in mehr oder weniger ausgeprägter Form gegeben sein. Andernfalls erzielt der Beteiligte keine Einkünfte aus Gewerbebetrieb (§§ 2 I 1 Nr. 2, 15 I 1 Nr. 2 EStG), sondern Einkünfte aus Kapitalvermögen (§§ 2 I 1 Nr. 5, 20 I Nr. 4 EStG). Auf Ebene der KG ist dies für die Einordnung als Gewinnanteil oder als Betriebsausgabe (§ 4 IV EStG) relevant.

Mitunternehmerinitiative bedeutet vor allem Teilhabe an unter- **33**
nehmerischen Entscheidungen, wie sie z. B. geschäftsführenden Gesellschaftern obliegen. Die Möglichkeit, Gesellschafterrechte auszuüben, die wenigstens den Stimm-, Kontroll- und Widerspruchsrechten angenähert sind, die einem Kommanditisten nach dem HGB zustehen oder die den gesellschaftsrechtlichen Kontrollrechten nach § 716 I BGB entsprechen, reicht bereits aus. **Mitunternehmerrisiko** bedeutet eine wirtschaftlich vergleichbare Teilhabe am Erfolg oder Misserfolg eines gewerblichen Unternehmens. Regelmäßig wird das Risiko durch Beteiligung am Gewinn und Verlust sowie an den stillen Reserven des Anlagevermögens einschließlich des Geschäftswertes vermittelt.

34 Cermit ist am laufenden Gewinn und Verlust, im Falle des Ausscheidens jedoch nicht an den stillen Reserven beteiligt. Insofern könnte er als typischer **stiller Gesellschafter** (§§ 230 ff. HGB) aufgenommen worden sein. Nach § 230 I HGB ist der stille Gesellschafter nur verpflichtet, seine Einlage an den Inhaber des Handelsgeschäfts zu leisten. Diese wird nicht gemeinsames Gesellschaftsvermögen, sondern ist ausschließlich dem Inhaber des Handelsgeschäfts zu übertragen. Folglich steht dem stillen Gesellschafter im Falle des Ausscheidens nur ein Anspruch auf Rückgewähr der Einlage zu. Eine gesellschaftsrechtliche Auseinandersetzung, in deren Rahmen er an den stillen Reserven partizipieren würde (§ 738 I 2 BGB i.V.m. §§ 105 III, 161 II HGB), ist nicht vorgesehen. Aufgrund der Qualifikation als Typusbegriff kann eine Mitunternehmerschaft jedoch auch ohne Beteiligung an stillen Reserven vorliegen, wenn ein schwach ausgeprägtes Mitunternehmerrisiko im Einzelfall durch stark ausgebildete Mitunternehmerinitiative kompensiert ist. Sind dem stillen Gesellschafter typische Unternehmensentscheidungen der laufenden Geschäftsführung übertragen, die im Gegenzug durch eine hohe Beteiligung am Bilanzgewinn vergütet werden, führt dies gleichwohl zu einer Mitunternehmerstellung (sog. **atypisch stille Gesellschaft**). Wie die in der Steuererklärung vorgenommene gleichrangige Gewinnverteilung zeigt, gehen die Gesellschafter davon aus, dass Cermit Mitunternehmer ist. Eine vom gesetzlichen Leitbild der §§ 230 ff. HGB abweichende Abrede, welche Cermit entweder eine Beteiligung an den stillen Reserven oder besondere Mitspracherechte gewährt, wurde hingegen nicht getroffen. Demgemäß erzielte Cermit Einkünfte aus Kapitalvermögen (§ 20 I Nr. 4 a. E. EStG), so dass die an ihn erfolgte Gewinnausschüttung auf Ebene der KG gleich einem Darlehenszins als Betriebsausgabe (§ 4 IV EStG) zu behandeln ist. Der Gewinn der KG i.H.v. 500.000 Euro ist folglich um Cermits Anteil i.H.v. 10 % und damit um 50.000 Euro zu reduzieren.

d) Zurechnung an die Mitunternehmer

35 Der Gewinn der KG beträgt somit 450.000 Euro (= 500.000 Euro ./. 50.000 Darlehenszinsen an Cermit) und ist den Mitunternehmern Arnie und Bert anteilig zuzurechnen. Dabei beträgt der Anteil des Kommanditisten Bert 20 % (= 90.000 Euro). Der verbleibende Gewinnanteil i.H.v. 80 % (= 360.000 Euro) entfällt auf Arnie als Komplementär.

4. Berts Sonderbetrieb

36 Neben den Gewinnanteilen zählen zu den Einkünften aus einer Mitunternehmerschaft auch die Vergütungen, die der Gesellschafter von der Gesellschaft für seine Tätigkeit im Dienste der Gesellschaft, für die

Gewährung von Darlehen oder die Überlassung von Wirtschaftsgütern bezogen hat (§ 15 I 1 Nr. 2 S. 1 Hs. 2 EStG). Diese sind ebenfalls Teil der einheitlichen und gesonderten Feststellung nach den §§ 179 II 2, 180 I Nr. 2 lit. a AO.

a) Laufendes Sonderbetriebsergebnis

Im Wirtschaftsjahr 2016/2017 mietete die KG von ihrem Kommanditisten Bert eine Lagerhalle samt Grundstück für monatlich 1.000 Euro. Zivilrechtlich sind derartige Verträge zwischen der KG als teilrechtsfähiger Personenhandelsgesellschaft (§§ 124 I, 161 II HGB) und einem an ihr beteiligten Gesellschafter ohne Weiteres möglich. Steuerlich wurden die Aufwendungen im Rahmen der Gewinnermittlung lediglich auf Ebene der KG erfolgswirksam als Betriebsausgaben (§ 4 IV EStG) angesetzt. Dies ist insoweit fehlerhaft, als die Zahlungen zugleich Berts Einnahmen aus Gewerbebetrieb erhöhen. Die entgeltliche Überlassung des Grundstücks verwirklicht zwar grundsätzlich den Tatbestand der §§ 2 I 1 Nr. 6, 21 I 1 Nr. 1 EStG, ist aber vorliegend in eine **Sonderbetriebseinnahme** i.S.d. § 15 I 1 Nr. 2 S. 1 Alt. 2 EStG umzuqualifizieren. 37

Dies ergibt sich daraus, dass die KG im Einkommensteuerrecht nur als Einkünfteerzielungs- und -zurechnungssubjekt ihrer Gesellschafter fungiert, aber kein eigenständiges Steuersubjekt ist (§ 1 I 1 EStG). Vielmehr erfolgt eine **transparente Besteuerung** der Gesellschafter durch die Gesellschaft hindurch. Die zivilrechtlich mögliche vertragliche Sonderbeziehung des Mietvertrags wird steuerlich nicht anerkannt, da es insofern an einer Verschiedenheit der Steuersubjekte fehlt. Dadurch wird der einzelne Mitunternehmer dem Einzelkaufmann gleichgestellt. Diesem fehlt bereits zivilrechtlich die Möglichkeit, Verträge mit sich selbst zu schließen und so Betriebsausgaben zu erzeugen. Auf Ebene der KG ist der Ansatz der Miete als Betriebsausgabe (§ 4 IV EStG) gleichwohl zutreffend, da er auf diese Weise den nach den Gesellschaftsanteilen zu verteilenden Gewinn (§ 15 I 1 Nr. 2 S. 1 Alt. 1 EStG) mindert. Gleich einer vorrangigen und vom Geschäftsergebnis unabhängigen „Gewinnausschüttung" sind die Mietzahlungen zusätzliche Sonderbetriebseinnahmen (§ 15 I 1 Nr. 2 S. 1 Alt. 2 EStG) des Gesellschafters Bert. 38

Fraglich ist jedoch, wie es sich auswirkt, dass die Miete für die Monate August und September 2017 erst Mitte Oktober 2017 bezahlt wurde. Der Anwendungsbereich des Zu- und Abflussprinzips (§ 11 EStG) ist auf Überschusseinkunftsarten (§ 2 II 1 Nr. 2 EStG) beschränkt. Infolge der Umqualifizierung von Berts Einkünften richtet sich die zeitliche Zuordnung sowohl auf Seiten der KG als auch in Berts Sonderbetrieb nach dem bilanziellen **Realisationsprinzip** (§§ 4 I, 5 I 1 EStG sowie § 252 I Nr. 4 39

HGB). Der Umstand, dass die Überweisung der Miete für die Monate August und September 2017 erst Mitte Oktober erfolgte, ist somit ohne Auswirkung, da die zum jeweiligen Monatsanfang (§§ 535 II, 536b I BGB) erfolgswirksam zu buchenden Vergütungsforderungen (bzw. -verbindlichkeiten) dem Wirtschaftsjahr 2016/2017 zuzuordnen sind. Daher ist von Betriebsausgaben (§ 4 IV EStG) der KG und korrespondierenden Sonderbetriebseinnahmen Berts i.H.v. 12.000 Euro (= 1.000 Euro x 12 Monate) auszugehen.

40 Andererseits kann Bert aber auch **Sonderbetriebsausgaben** geltend machen. Da er die Lagerhalle für 50.000 Euro im Jahre 2012 errichtete, ist ihm auf Grundlage der Herstellungskosten (§ 255 II HGB) die nach § 7 IV EStG zu ermittelnde lineare Jahres-AfA zu gewähren. Eine degressive AfA nach § 7 V Nr. 3 lit. c EStG kommt nicht in Betracht, da der Bauantrag im Januar 2012 gestellt wurde. Für die Bestimmung des maßgeblichen AfA-Prozentsatzes ist entscheidend, ob es sich bei der Lagerhalle um Privat- oder (Sonder-)Betriebsvermögen handelt (§ 7 IV 1 Nr. 1 EStG). Zum notwendigen Betriebsvermögen gehören Wirtschaftsgüter, die ausschließlich und unmittelbar dem Betrieb zu dienen bestimmt sind. Da Bert das Grundstück an die eigene KG vermietete, erfolgt eine Umqualifizierung der Einkünfte von Einkünften aus Vermietung und Verpachtung (§§ 2 I 1 Nr. 6, 21 I 1 Nr. 1 EStG) in gewerbliche Einkünfte (§§ 2 I 1 Nr. 2, 15 I 1 Nr. 2 S. 1 Alt. 2, 21 III EStG). Aufgrund der ausschließlichen Nutzung für die eigene gewerbliche Tätigkeit ist das Grundstück in Berts Sonderbetriebsvermögen übergegangen. Folglich ist die Lagerhalle als Wirtschaftsgebäude mit einer AfA-Rate von jährlich 3 % abzuschreiben (§ 7 IV 1 Nr. 1 EStG). Bei ursprünglichen Herstellungskosten (§ 255 II HGB) i.H.v. 50.000 Euro beträgt sie für das Wirtschaftsjahr 2016/2017 1.500 Euro. Der Grund und Boden unterliegt keiner Abnutzung und ist daher nicht in die Berechnung einzubeziehen.

41 Den Sonderbetriebseinnahmen i.H.v. 12.000 Euro stehen somit Sonderbetriebsausgaben von 1.500 Euro gegenüber, woraus sich für das Wirtschaftsjahr 2016/2017 ein Sonderbetriebsergebnis i.H.v. 10.500 Euro (= 12.000 Euro ./. 1.500 Euro) ergibt.

b) Entnahme aus dem Sonderbetrieb

42 Fraglich ist weiterhin, wie es sich auswirkt, dass der auf fünf Jahre abgeschlossene Mietvertrag zum 30.9.2017 endete. Da Bert das Grundstück samt Lagerhalle nunmehr privat nutzte, wurde das Wirtschaftsgut für betriebsfremde Zwecke verwendet und demgemäß aus Berts Sonderbetriebsvermögen in dessen Privatvermögen überführt. Hierbei handelt es sich um eine **Entnahme** i.S.d. § 4 I 2 EStG. Daher sind zunächst die Auswirkungen auf den Betriebsvermögensvergleich im Sonderbetrieb zu bestimmen. Anschließend ist der Wert des entnommenen Wirtschaftsgutes dem Unterschiedsbetrag nach § 4 I 1 EStG außerbilanziell hinzuzuaddieren.

Zu Beginn des Mietvertrags am 1.10.2012 wurde das Grundstück samt Lagerhalle, das sich zuvor in Berts Privatvermögen befand, aufgrund der Nutzung zu ausschließlich betrieblichen Zwecken in sein Sonderbetriebsvermögen eingelegt (§ 4 I 7 EStG). Nach § 6 I Nr. 5 S. 1 Hs. 1 EStG sind Einlagen grundsätzlich mit dem Teilwert im Zeitpunkt der Zuführung anzusetzen. Teilwert ist nach § 6 I Nr. 1 S. 3 EStG der Betrag, den ein Erwerber des ganzen Betriebs im Rahmen des Gesamtkaufpreises für das einzelne Wirtschaftsgut ansetzen würde. Daher war der Posten „Grund und Boden" mit einem Wert i.H.v. 50.000 Euro in Berts Sonderbilanz aufzunehmen. Die Lagerhalle ist grundsätzlich mit den unverminderten Herstellungskosten i.S.d. § 255 II HGB anzusetzen. Da die Lagerhalle erst im Laufe des Jahres 2012 errichtet wurde, sind die Herstellungskosten nicht um die hypothetische AfA zu kürzen. Folglich wurde die Lagerhalle mit dem Teilwert i.H.v. 50.000 Euro in Berts Sonderbetriebsvermögen eingelegt. Seit der Zuführung wurde sie mit 3 % abgeschrieben (siehe Rn. 40), wodurch sich ihr **Buchwert** in Berts Sonderbilanz um jährlich 1.500 Euro verringerte und nach fünf Jahren am 30.9.2017 nur noch 42.500 Euro betrug. Diese Buchwerte (50.000 Euro für den Grund und Boden, 42.500 Euro für die Lagerhalle) waren aufgrund der Entnahme aus Berts Sonderbilanz auszubuchen. Dadurch verringerte sich der Unterschiedsbetrag im Rahmen des Sonderbetriebsvermögensvergleichs um 92.500 Euro (= 50.000 Euro + 42.500 Euro). 43

In einem weiteren Schritt ist der **Wert der Entnahme** außerbilanziell hinzuzuaddieren (§ 4 I 1 EStG). Maßgeblich ist nach § 6 I Nr. 4 S. 1 EStG ebenfalls der Teilwert. Dieser betrug am 30.9.2017 für das Grundstück samt Lagerhalle 200.000 Euro. 44

Damit führt ein Vergleich zwischen dem Entnahmewert i.H.v. 200.000 Euro und dem Buchwert i.H.v. 92.500 Euro zu einer erfolgswirksamen Aufdeckung der im Sonderbetriebsvermögen entstandenen stillen Reserven i.H.v. 107.500 Euro (= 200.000 Euro ./. 92.500 Euro). 45

5. Zwischenergebnis

Unter Einbeziehung der Sonderbetriebseinnahmen ergeben sich gewerbliche Einkünfte (§ 15 I 1 Nr. 2 EStG) für Arnie i.H.v. 360.000 Euro und für Bert i.H.v. 208.000 Euro (= 90.000 Euro Gewinnanteil + 12.000 Sonderbetriebseinnahmen ./. 1.500 Sonderbetriebsausgaben + 107.500 Euro Entnahme aus dem Sonderbetriebsvermögen). 46

IV. Rechtsverletzung

47 Da der Feststellungsbescheid vom 1.2.2018 von einem Gesamtgewinn der Arnie & Bert KG i.H.v. 618.000 Euro ausging und diesen im Verhältnis von 400.000 Euro zu 218.000 Euro den Gesellschaftern zuwies, war er rechtswidrig und verletzte die Mitunternehmer in ihrem Recht auf gesetzmäßige Besteuerung (§ 85 AO).

C. Entscheidungsform

48 Gleichwohl hat der Einspruch nur teilweise Erfolg. Da er in zulässiger Weise (§ 357 III 3 AO) weder einen bestimmten Antrag noch eine Begründung enthält, ist im Wege der Auslegung entsprechend § 133 BGB davon auszugehen, dass Arnie als gesetzlicher Vertreter der KG die Abänderung des Feststellungsbescheids i.S.d. eingereichten Steuererklärungen begehrt. Da aber der Inhalt der Steuererklärung nicht der objektiven Rechtslage entspricht, hat das FA im Wege eines **Abhilfebescheids** gemäß §§ 181 I 1, 172 I Nr. 2 lit. a AO die materiell richtigen Feststellungen (360.000 Euro, 208.000 Euro) zu treffen. Im Übrigen ist eine teilweise Einspruchsentscheidung zu erlassen, in der die verbleibenden Abweichungen von den erklärten Beträgen dargestellt werden (§ 367 II 3 AO).

D. Berts Einspruchsbefugnis

49 Die Einspruchsbefugnis gegen eine einheitliche und gesonderte Feststellung (§§ 179 II 2, 180 I Nr. 1 lit. a AO) bestimmt sich nach **§ 352 AO**. Nach § 352 I Nr. 1 Alt. 1 AO kann der zur Vertretung der Gesellschaft berufene Geschäftsführer Einspruch einlegen. Der Begriff „Geschäftsführer" ist dabei untechnisch zu verstehen. Zur organschaftlichen Vertretung der KG ist nach den §§ 125 I, 161 II HGB ausschließlich Arnie als Komplementär berufen. Die Kommanditisten sind von der gesetzlichen Vertretung ausgeschlossen (§ 170 HGB). Ist somit Arnie nach § 352 I Nr. 1 Alt. 1 AO einspruchsbefugt, kann Bert keine Einspruchsbefugnis aus § 352 I Nr. 1 Alt. 2 AO sowie den Nrn. 2, 3 herleiten; diese sind durch § 352 I Nr. 1 Alt. 1 AO verdrängt. Die im Gesetz nicht ausdrücklich angeordnete Subsidiarität gebietet der Zweck der einheitlichen und gesonderten Feststellung, wonach i.S.d. Verfahrensökonomie für das FA nur ein berechtigter Ansprechpartner für sämtliche Feststellungen bestehen soll.

50 Der damit einhergehende Eingriff in das Recht auf effektiven Rechtsschutz (Art. 19 IV 1 GG) ist verhältnismäßig, da § 352 I Nrn. 4, 5 AO Möglichkeiten einer **eingeschränkten Einspruchsbefugnis**

vorsehen. Die eingeschränkte Einspruchsbefugnis bedeutet, dass der VA im Einspruchsverfahren nicht umfassend mit Wirkung gegenüber allen an der einheitlichen Feststellung Beteiligten, sondern nur zugunsten der genannten Personen und nur hinsichtlich der ausdrücklich angeführten Aspekte überprüft wird. Die Wirkung des § 352 I Nrn. 4, 5 AO beschränkt sich somit nicht auf eine Einschränkung der Einspruchsbefugnis, sondern bewirkt zugleich eine Reduzierung der grundsätzlich umfassenden Begründetheitsprüfung (§ 367 II 1 AO).

Im Einzelnen stehen Bert als Kommanditist folgende Einspruchsmöglichkeiten offen: **51**

– Nach **§ 352 I Nr. 4 AO** ist er einspruchsbefugt, soweit er an dem festgestellten Betrag beteiligt ist und sein Einspruch das Verteilungsverhältnis betrifft. Darauf gestützt kann Bert zwar nicht die Gewinnermittlung der KG überprüfen lassen, aber die Stellung des stillen Gesellschafters Cermit und die Verteilung des festgestellten Gewinns im Verhältnis zu Arnie als Komplementär.
– Des Weiteren ist er gemäß **§ 352 I Nr. 5 AO** auch insoweit beschränkt einspruchsbefugt, als es sich um Fragen handelt, die nur ihn persönlich betreffen. Darauf gestützt kann Bert die steuerliche Behandlung seines Sonderbetriebs überprüfen lassen.

Teil 2:

A. Erfolgsaussichten des Einspruchs

Der Rechtsbehelf hat Erfolg, wenn er zulässig und begründet ist. **52**

I. Zulässigkeit

Der Einspruch ist zulässig. Insbesondere wurde er fristgemäß (§ 355 AO) und durch den möglicherweise beschwerten (§ 350 AO) Adressaten des Einkommensteuerbescheids vom 11.10.2018 eingelegt. **53**

II. Begründetheit

Im Rahmen der Begründetheit ist § 351 II AO zu beachten. Danach können Entscheidungen in einem Grundlagenbescheid (§ 171 X 1 AO) nur durch Anfechtung des Grundlagenbescheids und nicht durch eine Anfechtung des Folgebescheids angegriffen werden. Die Norm ist Ausprägung der Bindungswirkung des Grundlagenbescheids (§ 182 AO). Da das Wohnsitzfinanzamt (§ 19 AO) bei Arnies Veranlagung das Ergebnis des Grundlagenbescheids ohne eigene Prüfung zu übernehmen hat, darf es auch im Falle eines Einspruchs gegen den Folgebescheid den Grundlagenbescheid inhaltlich nicht überprüfen. Entge- **54** gen dem Grundsatz der Gesamtaufrollung (§ 367 II 1 AO) ist die **Prüfungskompetenz** des Wohnsitzfinanzamts auf solche Fragen beschränkt, die nicht bereits durch das Betriebsfinanzamt (§ 18 I Nr. 2 AO) im Rahmen der einheitlichen und gesonderten Gewinnfeststellung der KG zu überprüfen waren.

55 Arnies Vorbringen, er hätte eine Messe in Wien mit seinem eigenen privaten Pkw besucht und wolle daher Betriebsausgaben für die aufgewendeten **Fahrtkosten** zum Abzug bringen, zielt auf den Ansatz von Betriebsausgaben zu seiner gewerblichen Tätigkeit als Mitunternehmer. Es betrifft damit die Gewinnermittlung der KG und ist vom Wohnsitzfinanzamt materiell-rechtlich nicht zu würdigen.

56 Anders verhält es sich bei der vorgelegten Spendenquittung. Diese betrifft Arnies Einkommen, da **Spenden** nach § 10b EStG als Sonderausgaben und Parteispenden nach § 34g EStG als Steuerermäßigungen zum Abzug zugelassen sind. Die Bindungswirkung des Grundlagenbescheids betrifft nur die Höhe von Arnies Einkünften aus der KG, nicht aber die in seiner Person begründeten Sonderausgaben.

III. Ergebnis

57 Aufgrund des eingelegten Einspruchs ist die Bestandskraft gehemmt, so dass ein Abhilfebescheid nach §§ 367 III 3, 172 I Nr. 2a AO ergehen kann.

B. Weiteres Vorgehen

58 Arnie ist zu raten, die Frage der erhöhten Betriebsausgaben beim Betriebsfinanzamt anzubringen. Nachdem der geänderte Grundlagenbescheid vom August 2018 nach Ablauf der Einspruchsfrist formell bestandskräftig wurde, kann eine Korrektur nur noch nach den **§§ 172 ff. AO** erfolgen. Die Normen sind auf Grundlagenbescheide entsprechend anwendbar (§ 181 I 1 AO).

59 In Betracht kommt eine Korrektur nach § 172 I 1 Nr. 2 lit. d Hs. 1 i.V.m. **§ 173 I Nr. 2 AO**, da dem FA nachträglich Tatsachen bekannt werden, die bereits zum Zeitpunkt der erstmaligen Veranlagung existierten und zu einer niedrigeren Steuer führen würden. Das Vorbringen ist rechtserheblich, da die Fahrt mit dem Privat-Pkw im betrieblichen Interesse stattfand. Folglich könnten die verursachten Kosten als Betriebsausgaben (§ 4 IV EStG) abgesetzt werden. Da die Kosten jedoch bei Arnie angefallen sind, bedarf es – eine juristische Sekunde vor der Ausgabe – der Annahme einer **Aufwandseinlage** (§§ 4 I 8, 6 I Nr. 5 EStG), um die Zuordnung des Aufwands zum Betrieb zu begründen. Diese Konstruktion ist zwar umstritten, da § 4 I 7 EStG keine „Nutzungseinlage“ vorsieht. Sie ist aber erforderlich, da der im betrieblichen Interesse getätigte Aufwand andernfalls unberücksichtigt bleiben müsste.

Entscheidend ist, ob Arnie an dem erst nachträglichen Bekanntwerden ein **grobes Verschulden** trifft. Dies wäre der Fall, wenn er die ihm nach seinen persönlichen Fähigkeiten und Verhältnissen zumutbare Sorgfalt in ungewöhnlichem, nicht entschuldbarem Maße verletzt hätte. Die KG ist nach §§ 140, 141 AO buchführungspflichtig (siehe Rn. 22). Dennoch wurde es unterlassen, Arnies Fahrt als Betriebsausgabe zu erfassen. Dies basierte auf einem anfänglichen Rechtsirrtum über die Behandlung der sog. Aufwandseinlage, der sich erst nachträglich aufklärte. Die unzutreffende steuerrechtliche Einordnung eines Sachverhalts durch einen juristischen Laien stellt jedoch nicht per se ein grobes Verschulden dar, auch wenn bei gewerblich Tätigen ein strengerer Maßstab gilt. **60**

Somit wäre der Grundlagenbescheid nach §§ 181 I 1, 173 I Nr. 2 AO zu korrigieren. In der Folge wäre der an Arnie gerichtete Einkommensteuerbescheid – ebenso wie Berts Einkommensteuerbescheid – an den geänderten Feststellungsbescheid nach **§ 175 I Nr. 1 AO** anzupassen. **61**

Zur Vertiefung:

🕮 *Dillberger/Fest*, Einkommensteuer und Abgabenordnung, 3. Aufl. 2016, Rn. 71 ff., 190 ff., 381 ff., 500 ff., 591 ff., 613 ff., 702 ff.